KB074290

경제적
자 유
돈의 알고리즘

INSIGHT& VIEW

인사이트앤뷰는 책을 만들지 않습니다.
인사이트앤뷰는 독자의 미래와 부를 만듭니다.

## 경제적 자유, 돈의 알고리즘

초판 1쇄 발행 | 2023년 6월 19일

지 은 이 | 벤 칼슨·로빈 포웰
옮 긴 이 | 이원석
펴 낸 이 | 엄지현
기    획 | 김민영·구유진
마 케 팅 | 권순민·오성권·조윤행
디 자 인 | 신혜정
표    지 | 롬디
내    지 | 롬디
제작총괄 | 조종열
인    쇄 | 영신사
발 행 처 | (주)인사이트앤뷰
등    록 | 2011-000002
주    소 | 서울시 구로구 경인로 661
전    화 | 02) 3439-8489
이 메 일 | insightview@naver.com

ISBN  979-11-85785-51-6 03320

값 19,000원

# Invest your way to

## way to

# 경제적
# 자　유

## 돈의　알고리즘

# Financial Freedom

벤 칼슨·로빈 포웰 지음 / 이원석 옮김

인사이트앤뷰

경제적 자유, 돈의 알고리즘

# CONTENTS

# 돈은 어떻게 자본주의의 비밀이 됐나

　자본주의는 자본의 힘으로 움직이는 경제체제다. 그러니까 자본주의 체제에서 승자가 되려면 '자본'을 온전하게 알아야 한다는 의미가 된다. 그렇다면 우리는 자본주의 혹은 자본에 관해 제대로 배운 적이 있을까? 없다. 참으로 아이러니한 일이다. 자본주의 사회에 살면서 자본주의는 커녕 자본에 관해서도 배운 적이 없으니 말이다. 사실 이것은 우리만의 문제도 아니다. 모든 자본주의 국가는 자기 국민에게 자본주의를 제대로 가르치지 않는다. 이유는 놀랍게도 '너무 많은 사람이 자본주의를 잘 이해하면 자본주의 체제가 잘 돌아가지 않기 때문'이다.

자본주의는 자본을 에너지로 사용해 성장해가며 운영되는 시스템이다. '성장'의 결과물은 다시 '자본'이 되어 더 큰 에너지로 사용된다. 여기까지만 정확하게 이해해도 자본주의의 반은 이해한 것이다. 자본주의 체제에서 자본이 '성장'을 만들고, 성장했다는 것은 투입한 '자본의 증가'를 의미한다. 그러니까 자본주의 체제에서 '성장하는 곳에 자본을 넣으면 시간이 흐를수록 계속 커진다'는 말이 된다. 사실 이것이 말은 간단하지만, 실제로 이렇게 성장하는 곳을 찾아 자본을 이동해가며 투입하는 것은 쉬운 일이 아니다. 그러나 자본주의 체제에서 투입만 제대로 한다면 성장은 언제나 투자자의 몫이다.

## 자본주의의 구조

그런데 왜 우리는 자본주의 사회에 살면서도 자본주의를 배우지 못한 것일까? 그 이유를 조금 더 일찍 알았다면 아마도 대부분은 인생이 바뀌었을 것이다. 이것은 내가 「돈의 비밀<sup>인사이트앤뷰</sup>」에 그 이유를 적었을 때, 독자들이 가장 공감했던 부분이기도 했다. 자본주의 국가는 일인 기업을 포함한 '기업'을 중심으로 운영되는 시스템을 갖췄다. 그리고 국가를 운영하는 정부 시스템과 공공재 역할을 하는 정부 주변의 공공 시스템으로 구성되어 운영된다. 정부 주변의 공공재에는 공공의 이익을 목적으로 하는 개인과 공기업이 존재한다. 이들 개인은 소수로 구성되며, 정부에서 특별한 자격 기준을 마련해 관리한다. 그리고 공기업은 중앙 정부나 지방 정부가 직접 운영하거나 관리한다.

그런데 이 셋 중에서 가장 뛰어난 사람들이 필요한 곳은 어디일까? 그곳은 바로 정부 시스템과 공공 시스템이다. 여기에 가장 뛰어난 사람들이 포진하지 않으면 국가간 경쟁에서부터 문제가 발생한다. 이렇듯 경제, 외교, 국방은 물론 교육, 보건, 복지 등 모든 분야에서 경쟁력을 갖추려면 뛰어난 사람은 필수 요건이다. 의사, 변호사처럼 정부 시스템의 일부는 아니지만, 고도의 전문성을 요구하는 분야는 국가가 자격을 엄격하게 관리한다. 따라서 그 수는 제한적으로 유지되며, 평균적인 개인보다 훨씬 높은 수준의 보상이 허용된다. 전부는 아니지만, 대단히 높은 소득이 허용된다는 말이다.

자본주의가 이렇게 구성되어 운영된다면 그에 속한 구성원인 국민은 어떤 생각으로 자본주의 시스템을 바라보게 될까? 부모는 그들의 자녀가 자본주의 체제 내에서 어떤 위치로 이동하여 삶을 살게 되기를 원할까? 그리고 자본주의 체제에서 교육을 받으며 성장하는 아이들은 자본주의 시스템에서 어디에 속해 삶을 살게 되기를 원할까? 이 질문에 해답을 얻으려면 우리가 부모로부터 어떤 조언을 들으며 자랐는지 생각해보면 된다. 여러분은 부모로부터 어떤 조언을 들으며 자랐는가? 부모로부터 들은 조언은, 가장 소중한 자녀에게 자본주의에서 성공하는 가장 핵심적인 방법을 알려주는 것이기도 하다.

여러분에게는 그것이 무엇이었는가? 대학에서 이 분야는 가장 경쟁이 치열하고 점수가 높은 학과와 직결된다. 법학과, 의학과, 행정학과, 정치외교학과와 같은 학과들은 단연 상위권을 차지한다. 그리고 상위권 대학으로 갈수록 더 높은 점수를 요구하는, 경계를 넘어서기 어려운 장벽이 존재한다. 상위권 대학의 해당 학과에 진학한다고 하더라도 정부 시스템 혹은 공공 시스템으로 들어가기 위해서는 새로운 장벽을 넘어야 한다. 앞서 설명한 선발 시스템을 통과해야 하기 때문이다. 이렇게 선발 시스템을 통과하게 되면 여러 가지로 안정적인 미래를 보장받는다. 높은 보수나 임금, 연금, 신분 보장과 같은 혜택이 그것이다.

　이런 자본주의 체제에서 상위 자리를 차지하기 위한 경쟁은 정말 치열하다. 학교교육만으로는 경쟁에서 이기지 못할 것 같은 불안감이 사교육을 키우고, 사교육은 다시 더욱 높은 수준의 경쟁을 부채질한다. 그러다 보면 정해진 인원을 선발하는 자본주의 상단의 정부나 공공 시스템으로의 진입 경쟁은 더욱 치열해질 수밖에 없다. 사실 정부나 공공 시스템의 하단도 마찬가지다. 9급 공무원 시험에 수많은 청년이 인생에서 가장 빛나는 시기를 전부 소진해가며 시험에 매달리는 것을 보면, 자본주의가 어떻게 그 구성원들에게 압력을 가해 국가가 원하는 시스템으로 흡수하는지 이해할 수 있다.

　그렇다면 나머지는 자본주의 시스템의 어디로 이동하게 될까? 앞서 설명한 대로 나머지 대부분은 기업으로 흡수된다. 그 기업이 자영업이든 일인으로 운영되는 기업이든, 수만 혹은 수십만의 직원을 거느린 대기업이든, 자본주의라는 이름으로 불리는 커다란 시스템 하부의 구성 체계인 기업으로 이동해간다. 따라서 고등학교까지의 학교교육은 대학이라고 부르는 직업교육 체제로 편입시키기 위한 준비과정으로 이루어지게 된다. 이후로는 크게 둘로 갈라져 정부나 공공 시스템으로 편입되는 과정을 준비하거나, 기업에 편입되는 과정을 준비하게 된다.


## 자본주의의 에너지


그렇다면 '자본주의'라는 측면으로만 본다면 어디로 이동하는 것이 훌륭한 선택이 될까? 나는 어떤 선택을 해도 그 자체가 나쁘다거나 훌륭하지 못한 선택이 된다고는 보지 않는다. 그런데 어떤 선택을 하더라도 자본주의 사회에 산다면 반드시 이해해야 할 것이 있다. 그것은 자본주의를 움직이는 에너지인 돈이 무엇인지를 이해하는 것이다. 독자 대부분이 돈이 무엇인지 안다고 생각하겠지만, 사실 돈에 관해 이해하고 자본주의 사회에 사는 사람은 많지 않다. 만약 돈이 무엇인지 이해했다면 그들은 보통 우리가 '부자'라고 부르는 부류에 포함된 상태일 확률이 크다.

그러니까, 이 말은 '자본주의 사회의 돈'을 이해하면 부자가 될 수 있다는 말이다. 그리고 적절한 수준 이상의 돈을 소유하게 되면 '자본주의 시스템에서 어디로 이동할 것인가'를 고민할 이유조차 사라진다는 의미가 된다. 그렇지 않은가? 일하지 않고도 충분하게 사용할 돈이 계속 자동으로 만들어진다면, 일해야 하는 다른 이유가 없다면 일하지 않아도 된다는 말이다. 자본주의 사회에는 이 방법이 얼마든지 존재한다. 다만 내가 그 방법을 모르고 있을 뿐이다. 이 방법은 이미 내가 「돈의 비밀」에서 설명한 내용이고, 이 책은 그 방법을 더욱 이해하기 쉽고 선명하게 저자들이 금융전문가로서 설명하고 있다. 이 방법만이 경제적 자유에 이르는 방법이고 자녀들에게 영원히 경제적 자유를 물려주는 방법이다.

여기서 한 가지 생각해볼 문제가 떠오르지 않는가? 자본주의 사회의 많은 구성원이 이 방법으로 경제적 자유에 도달하면 도대체 기업은 누구에 의해 운영되고, 기업에서 일할 사람은 도대체 누구이며, 국가와 공공 시스템은 어떻게 운영된단 말인가? 여기에 자본주의 국가가 자본주의와 돈에 관해 가르치지 않는 이유가 숨어 있다. 만약 구성원 다수가 자본주의 시스템과 돈에 관해 이해하고 경제적 자유를 쉽게 달성할 수 있다는 것을 이해한다면 어떻게 될까? 전부는 아니겠지만, 상당수가 지금 그렇게 치열하게 경쟁하는 정부나 공공 시스템에서 일하는 것조차 외면하게 될 것이다. 그리고 일하지 않는 삶을 선택하려고 할 것이다. 이것은 자본주의도 아닌 게으른 사회주의에 더 가깝다.

그런데 지금 자본주의 사회의 돈을 이해해야만 하고, 이해한 것을 실천해 경제적 자유에 반드시 이르러야 하는 중요한 변화가 파도처럼 밀려오고 있다. 그것은 아이러니하게도 '해체되는 일자리'다. 그러니까 '해체되는 일자리'를 다르게 표현하면 자본주의 사회에서 정부든 공공이든 기업이든 일해서 돈을 버는 통로가 급속하게 막혀간다는 말이 된다. 일자리가 사라진다는 말은 자본주의 사회에서 돈을 벌 기회가 사라진다는 말이고, 영원히 경제적 자유를 얻을 기회가 줄어들며 박탈된다는 뜻이다. 이런 재앙 같은 일이 누구에게 먼저 찾아올까? 정부나 공공에서 일하는 사람 혹은 대기업에서 일하는 사람일까, 아니면 누가 해도 할 수 있는 그런 일을 하는 사람일까? 답은 간단해 보이지만 결론은 그렇지 않다. 안정적인 일자리에 있다고 생각하는 사람도 상황은 같아지고 있기 때문이다. 순서만 다를 뿐. 왜 그런지는 구글의 바드*Bard*나 마이크로소프트의 챗GPT*Chat GPT*에 물어봐라.

## 경제적 자유와 시간

자본주의 사회를 온전히 이해하고 나면 경제적 자유에 이르는 방법은 복잡하지 않다는 것을 알 수 있다. 다만, 시간이 중요하고 시간이 필요할 뿐이다. 독자들이 가진 시간을 돈으로 바꾸면 되기 때문이다. 그렇다면 독자들은 서로 다른 경제적 자유 _Financial Freedom_에 관한 정의를 스스로 어떻게 내리고 싶은가? 나는 경제적 자유를 그냥 '쓰고 싶은 만큼 돈이 있는 상태'로는 정의하고 싶지 않다. 내게 경제적 자유는 '일을 하지 않고도 충분히 삶의 목적을 이뤄가는 데 필요한 자본을 소유하고, 자본의 일부를 충분히 사용해도 그 자본이 계속 성장하는 상태'이다. 그리고 가능하다면 '자녀들에게도 같은 혜택이 주어지는 상태'가 되어야 한다.

그러니 경제적 자유를 부모가 이루어낸다면 자녀들도 그 혜택을 지속해서 누릴 수 있는 상태가 되어야 한다. 이렇게 되려면 한 가지 더 갖춰져야 하는 조건이 있다. 그것은 자녀들이 자본주의와 자본을 이해하고 지속해서 그 방법을 실천하는 것이다. 이것은 그냥 아는 것으로는 해결되지 않으며 반드시 그리고 지속해서 실천해야만 달성 가능한 목표이자 방법이다. 따라서 이것은 경제적 자유를 달성하는 방법을 이해했다고 해서 모두 경제적 자유에 이를 수 있다는 말이 아니다. 이 책에서 계속 설명하는 방법들을 온전히 이해하고 지속해서 실천하고 가르쳐야만 달성 가능한 목표다.

## 자본주의의 비밀, 돈

돈은 지금도 여전히 자본주의의 비밀이다. 그렇지만 많은 자본주의 구성원이 자본주의의 비밀을 빠르게 알아가고 있다. 그리고 그 속도에 가속도가 붙었다. 그런데 왜 자본주의 비밀에서 알아낼 수 있는 방법으로 경제적 자유에 도달하는 사람은 눈의 띄게 많아지지 않는 것일까? 이것을 한마디로 설명하면 '자본주의의 함정'에 빠지게 되는 것이 첫 번째 이유이고, 두 번째는 '돈의 알고리즘'을 완전히 이해하지 못한 것이 이유이고, 세 번째는 '투자의 원칙'을 끝까지 지키지 못하기 때문이다. 사실 이 세 가지는 단순한 것이지만, 이해하고 실천하며 지키는 것은 정말 어려운 일이다.

'자본주의의 함정'은 '나'라는 존재의 가치를 더욱 높게 삶에 투영할 수 있는데도 그걸 방해하는 요소들을 이해하고 제거하는 노력이 부족해서 발생하는 문제이다. 사실 이것이 무엇인지만 이해해도 이것을 실천하기는 쉬워진다. '돈의 알고리즘'은 왜 누구는 돈을 잘 벌고 누구는 돈을 못 버는지의 관점을 확 바꾸면 돈을 버는 알고리즘을 알게 된다는 의미이다. 복잡할 것이 전혀 없는 알고리즘이지만, 오히려 관점을 바꾸는 것이 쉽지 않다. 이 책이 말하는 '단순함'에 주목해야 하는 이유다. 반대로 '투자의 원칙'은 간단하게 보이지만, 간단한 문제가 아니다. 원칙은 그것을 이해하는 것보다 지키고 실천해야 달성할 수 있기 때문이다.

자본주의 체제는 똑똑한 친구들을 정부라는 거대한 시스템으로 흡수해 운영되는 체제다. 기업은 그 하부에서 경쟁하고 성장하는 구조로 보이지만, 정부도 기업에 모든 것을 걸고 있는 것이나 마찬가지다. 그래서 지금 기업은 정부가 아닌 기업으로 최고의 인재를 흡수하기 위해 모든 것을 걸고 있다. 이미 미국을 비롯한 선진국은 과거라면 정부라는 시스템으로 이동했을 최고의 인재들이 기업으로 몰려들고 있고, 그중 최고의 인재들은 스스로 기업이 되기 위해 엄청난 모험을 시도하고 있다. 스스로 기업이 된다는 말은 기업을 창업해 새로운 혁신에 도전한다는 말이다.

　개인은 모두 보유한 능력이 다르다. 따라서 능력을 중심으로 살게 되면 자신의 능력이라는 굴레를 벗어난 삶을 살 수 없다. 그러나 나보다 뛰어난 사람, 나아가 훌륭한 기업을 알아보는 눈만 있다면 자신의 능력이라는 굴레를 벗어나, 세계 최고로 평가받는 사람과 그 사람들이 일하는 기업의 능력에 내 삶을 융합할 수 있다. 게다가 지금은 세계가 하나가 되었다. 불과 일이십 년 전만 하더라도 해외에 투자하거나 세계 최고의 기업에 직접 투자하는 것은 꿈과 같은 일이었다. 그러나 지금은 손에 든 스마트폰 하나로 모든 것을 해결할 수 있다. 하나의 문제가 남았다면 내가 준비가 되지 않은 것이다. 그 준비를 이 책으로 마쳐보자.

　"지금 세계 최고와 하나가 되어 경제적 자유를 이룰 준비가 됐는가?"

_「돈의 비밀」 저자 조병학

# 경제적 자유를 찾아서

대부분 젊은이는 환상 속에서 살고 있습니다. 이건 새로운 현상은 아닙니다. 젊은이는 항상 환상에 사로잡혀 왔고 아마 앞으로도 젊은이들은 환상에서 벗어나지 못할 겁니다. 하지만, 중요한 한 가지를 말씀드리겠습니다. 요즘 젊은이들이 겪는 이십 대 혹은 삼십 대의 환상은 이전 기성세대가 겪었던 환상과 비교할 때 훨씬 더 심각한 결과를 만들어냅니다. 여기서 말하는 환상이 무엇이냐고요?

돈이 중요하지 않다는 환상입니다. 돈은 노인들이나 걱정해야 할 대상이라는 생각이 그 환상입니다. 결국, 이것은 세상 일이란 게 언젠가는 핑크빛처럼 화려하게 풀리게 돼 있다는 착각이기도 합니다. 그리고 바라던 바로 그 순간을 마주했을 때, 돈을 쓰지 않기에는 인생이 너무 짧다는 환상이 그것이기도 합니다. 오해하지는 마세요. 이 글을 쓰는 우리도 이미 젊은 혈기는 오래전에 보냈지만, 아직도 젊음의 열기 속에 사는 것은 부인할 수 없습니다.

젊음은 포용해야 합니다. 꿈을 꾸고, 일하고, 돈을 벌고, 권한 너머의 생각에 몰두해 보는 사치는 젊은이의 특권입니다. 그러나 달콤한 꿈은 가혹한 현실에 부딪쳐 부서지기 쉽습니다. 돈은 중요하며, 지금 이 순간에도 집중해야 할 대상입니다. 사실, 일찍 돈 문제에 집중할수록 미래에 돈 때문에 걱정할 가능성은 줄어듭니다. 마케팅 분야의 저명한 교수이자 작가이며 블로거인 스콧 갤러웨이Scott Galloway는 이 문제를 명쾌한 말로 지적하고 있습니다.

"성공한 사람들이 종종 '자기 자신의 열정을 따르라!' 그리고 '돈에 대해 생각하지 말라!'는 겸손한 듯한 자랑을 해서 젊은이들을 은연중 속이는 경향이 있어요. 정말 이건 대부분 헛소리죠. 경제적 안정을 이루려면 근면, 재능 그리고 돈에 대한 엄청난 집중이 필요한 게 현실이에요. 어떤 사람이 갖춘 돈에 대한 천재성은 돈 문제를 주변으로 돌려버리고 등한시한 사람에게는 쓰나미와 같은 경험을 안겨줄 수 있습니다. 당신이 그 천재성을 등한시하고 무시한 사람이라고 가정해 보세요."

이 책은 당신을 격려하고, 영감을 주고, 힘을 실어주기 위한 책입니다. 불안을 주려는 책이 절대 아닙니다. 경제적 자유*Financial Freedom*로 가는 길을 안내하는 간단한 규칙을 이 책으로 보여드리겠습니다. 여기서 말하는 경제적 자유는 '다른 사람이 정한 시간표에 따라 돈을 위해 일하지 않고, 운이나 다른 사람의 관대함에 의존하지 않고, 원하는 삶을 살 수 있는 자유'를 뜻합니다. 우리는 이 일이 쉽다거나 규율과 희생이 필요하지 않다고 말하지 않습니다. 오늘날 젊은이들에게는 부모처럼 부자가 되고 싶다면 넘어야 할 산이 있습니다. 이유부터 설명하겠습니다.

## 나쁜 뉴스

20세기 초 이후로 영국에서 태어난 사람들은 적어도 경제적으로는 매우 운이 좋은 사람들이었습니다. 그러나 일부 세대는 다른 세대보다 더 운이 좋았습니다. 세계대전이 발발했다는 작은 문제가 있었지만, 당신이 이 전쟁에서 살아남았다고 가정하면 전후 몇 년 동안 생활 수준이 꾸준히 향상되었습니다. 로빈*Robin*의 가족을 예로 들어 보겠습니다. 로빈의 할아버지와 할머니는 공공주택, 새로운 국민건강보험, 무척 관대한 국민연금 등으로 사치를 누렸습니다.

다음 세대인 소위 베이비붐 세대는 훨씬 더 운이 좋았습니다. 대부분 사람은 자신의 집을 소유하고 해외에서 휴가를 보내는 일을 당연하게 여겼습니다. 로빈은 틀림없이 가장 운이 좋았던 X세대입니다. 생활 수준이 계속 높아졌을 뿐만 아니라, 정부는 계속해서 안전망을 제공하고 고등학교를 마치고 대학에 갈 수 있도록 무료로 학자금도 제공했습니다. 벤*Ben*은 종종 밀레니얼세대라고 부르는 Y세대에게는 올드 보이에 속하는데, 이 밀레니얼 Y세대는 경제적 자유를 달성하기에 더 어려울 수 있습니다. 1990년대 중반 이후 출생한 Z세대는 이보다 더욱 더 어려울 수 있습니다.

## 자산 가격 폭등

젊은이들이 경제적으로 힘든 상황에 직면하는 이유는 기성 세대가 그렇게 좋은 상황을 겪었던 것과 정확히 같은 이유입니다. 간단히 말하면 자산 가격이 폭등했기 때문입니다. 특히 주택은 이전 세대에 비해 지금의 생애 최초 구매자에게는 훨씬 더 접근하기 어려운 가격입니다. 2010년대에만 놓고 볼 때, 영국 부동산 가격은 40% 이상 상승했고 당시 대부분 글로벌 주식 시장에서 주가는 두 배로 뛰었습니다.

왜냐구요? 2007~2009년의 글로벌 금융 위기에 대응하느라 중앙은행은 금리를 낮게 유지했고 경제에 활력을 불어넣기 위해 돈을 풀어 공급하는 양적 완화Quantitative Easing 정책을 채택했기 때문입니다. 이러한 자산 가격의 폭등은 부동산과 주식에 투자한 사람들에게는 당연히 높은 수익을 안겨 주었지만, 새로 등장한 젊은 투자자가 투자하기에는 두 시장 모두 가격이 너무 오른 상황이었습니다.


## 임금 상승률 둔화


지금 세대 젊은이가 부모나 조부모와 같은 이전 세대에 비해 경제적으로 불리한 상황에 처한 궁극적 이유는 최근 몇 년 동안 실제로 받는 임금의 가치가 하락했기 때문입니다. 2019년 10월, 국가재정연구소*Institute of Fiscal Studies*에서 발표한 설문조사 결과는 이렇습니다. "1980년대에 태어난 사람들이 30대 초반 나이가 됐을 때, 자신들의 10년 전 선배 세대보다 훨씬 낮은 급여를 받고 있다. 이런 현상은 2차 세계대전 이후 처음 있는 일이다."


물론 2차 세계대전 이후 우리는 세계적 대유행*COVID-19 Pandemic*을 목격했습니다. 2021년 3월에 발표된 리졸루션재단*Resolution Foundation*의 보고서는 세계적 대유행의 폐해로 많은 젊은이가 앞으로 몇 년 동안 급여 때문에 상처를 입을 위험에 처해 있다고 경고했습니다. 전통적으로 직장인들은 경력 초기에 더 자주 이직하는 경향이 있어 결과적으로 급여가 높아집니다. 그러나 연구원들은 18~24세의 연간 급여 증가율이 2019년 12%에서 2020년 6%로 떨어졌다는 사실을 발견했습니다. 25~34세 사이에서는 5%에서 1%로 떨어졌습니다.

보고서는 이러한 실질 임금$^{Real\ Wage}$의 하락이 젊은 근로자들에게 해고와 실직에 영향을 끼칠 가능성이 더 커진다는 사실과 동시에 발생한다고 경고했습니다. 촘촘하지 못한 연금제도에 자산 가격 붐도 놓치고 임금 상승률 정체가 결합해 낮은 소득에 머물게 되는 경향이 만들어졌습니다. 결과적으로 젊은이들은 재정적으로 독립하기 위해 이전 세대보다 훨씬 더 큰 희생을 감수해야 할 것입니다. 그러나 나쁜 소식은 이 정도로 충분합니다. 아직 기뻐해야 할 이유가 많기 때문입니다.

## 좋은 뉴스

이건 모든 사람에게 적용되는 일은 아니지만, 많은 밀레니얼 세대에게 구원의 은혜는 상속으로 다가올 예정입니다. 2020년 5월, 하

그리브즈랜스다운*Hargreaves Lansdown*의 설문 조사에 따르면 젊은 중년층은 55세 이상보다 더 많은 유산을 상속받을 가능성이 큽니다. 18~34세의 약 22%와 35~54세의 23%가 '큰 상속'을 기대할 수 있다고 설문에 대답했습니다.

하지만 인생에서 그 어떤 것도 당연하게 여길 수 없다는 사실을 기억하십시오. 미래가 어떻게 될지는 아무도 모릅니다. 상속 재산의 상당 부분이 결국 부모님 중 한 분 또는 두 분의 의료나 간호에 사용될 수도 있습니다. 그분들은 매우 오래 살 수 있으므로 상속을 받게 될 당신이 은퇴할 때까지도 상속받지 못할 수 있다는 사실도 명심하십시오.

## 더 많은 저축, 더 적은 지출

상속의 증가와 함께 등장하는 또 다른 희망의 빛은 대부분 젊은이가 무모한 낭비벽이 있다는 고정 관념과 다르게 실제로는 그렇지 않다는 사실입니다. 외국인과 이민자 투자신탁*Foreign & Colonial*

*Investment Trust* 에서 조사했던 설문에 따르면 18~35세 인구의 68%가 작년보다 올해에 더 많이 저축할 계획이 있으며, 외식을 줄이고 테이크아웃 커피와 같은 불필요한 지출을 줄이는 전략을 세우고 있습니다. 밀레니얼 세대 10명 중 6명은 돈을 빌려가면서까지 기념일이나 대소사를 치루기보다는 그냥 보내겠다고 말하고 있습니다.

## 투자하기 좋은 시기

그러나 많은 사람이 금세기 중반 경에 폭발할 것으로 예측되는 연금 시한 폭탄이 생각만큼 심각하지 않을 수 있다는 것이 세 번째이자 마지막 이유입니다. 간단히 말해서, 투자자에게 이보다 더 좋은 투자 시기는 없을 것입니다. 우리는 여기서 시장 진입 타이밍을 말하는 것이 아닙니다. 우리는 주식 시장이 상승할지 하락할지 알 수 없습니다. 또한, 향후 수십 년 동안 시장 수익이 과거보다 더 높을 것이라고 예측하지도 않습니다. 실제로 시장 수익이 더 낮을 수도 있다는 증거가 있습니다.

장밋빛 예측은 없지만, 우리가 주목하는 사실은 새로운 기술 덕에 개인이 자산을 관리하는 일이 그 어느 때보다 쉬워졌다는 점입니다. 전 세계적으로 분산된 투자 포트폴리오를 몇 분 안에 설정할 수 있는 다양한 온라인 서비스도 있습니다. 또한, 저축과 투자를 자동화하여 생각할 필요조차 없이 돈을 계좌에서 이동시킬 수 있습니다. 여기서 주목해야 할 점은 투자 비용이 결코 낮지 않다는 사실입니다.

자산관리업계는 최근 몇 년 동안 수수료와 비용을 낮춰야 한다는 엄청난 압력을 받고 있고, 그 압력은 더 거세지고 있습니다. 대부분 투자자는 아직도 너무 많은 비용을 지불하고 있지만, 현명하게 판단해보면 총 비용을 1%의 절반 이하로 유지할 수 있습니다. 수십 년에 걸친 장기투자로 전환하면 더 많은 돈을 절약할 수 있습니다. 사실, 이전 세대는 밀레니얼 세대가 누리지 못하는 상당한 경제적 특혜를 누렸습니다. 하지만 반대로 밀레니얼 세대는 이전 세대가 누릴 수 있던 투자보다 훨씬 더 쉽고 저렴하고 효율적인 투자를 할 수 있게 되었습니다.

## 시작하기 전, 배울 것들

### 1. 돈과 투자에 관한 선입견 버리기

당신의 견해와 의견 중에는 일부가 틀릴 수 있고 바꿔야 할 수도 있다는 사실에 대해 열린 마음을 가지십시오. 인간은 사회적인 동물입니다. 우리는 다른 사람들이 하는 일에 세심한 주의를 기울입니다. 우리가 아는 누군가가 부동산 거래나 비트코인 투자에서 크게 성공했을 때, 그 성공을 재현해보려는 유혹을 갖게 됩니다. 그러나 크게 성공한 친구나 동료가 투자에 천재라서가 아니라 운이 좋아서 적절한 시기에 투자했을 가능성이 큽니다. 따라서 당신은 그 성공을 학습했는데도 잘못된 시기에 돈을 투자하는 결정을 할 수 있습니다.

신문, 투자 잡지, 금융 웹사이트, 소셜 미디어 등 어디를 둘러봐도 투자 방법에 대해 전문가처럼 보이는 견해가 많습니다. 이들의 주장은 대부분의 경우 완벽하게 그럴듯합니다. 그러나 누군가가 답을 가지고 있는 것처럼 보일 때는 항상 주의를 기울이십시오. 그리고 스스로에게 물어보십시오.

"전문가라는 사람이 이런 말을 하는 이유는 무엇일까?"

"이 전문가들이 실제 실력이 있어서 이런 말을 하는 것일까?"

"정말 나를 도와주려고 이런 말을 하는 것일까, 아니면 상업적인 계산으로 그러는 것일까?"

"이들이 하는 조언이 정말 도움이 되는 조언인가?"

"이들이 말하는 내용이 데이터와 증거로 뒷받침 되는 말인가?"


## 2. 최고의 전문가에게 배우기

전문가라고 자칭하는 사람들은 일단 피하고 생각해보는 것이 가장 좋습니다. 그러나 주목해야 할 투자 전문가가 여기 한 명 있습니다. 워런 버핏*Warren Buffett*은 세계에서 가장 성공한 존경받는 투자자로 널리 알려져 있습니다. 수 년에 걸쳐 버핏은 인터뷰를 해왔고, 특히 자신의 회사인 버크셔 해서웨이*Berkshire Hathaway Inc.*의 주주들에게 보내는 연례 서한을 통해 투자자들에게 풍부한 지식과 통찰력을 전달했습니다.

이 책은 대체로 버핏이 투자자들, 그중에서도 특히 젊은 투자자들에게 반드시 하라고 촉구한 내용에 기반을 두고 있습니다. 책은 실용적인 세부 사항을 주로 다루지만, 한 장 한 장 읽으면서 다음 6가지 기본 원칙을 최우선으로 기억해두십시오.

### 1) 좋은 습관을 길러라.

다이어트에 관한 습관은 투자에도 해당됩니다. 시작할 때 좋은 습관을 기르는 것이 최종 목표에 집중하는 것보다 훨씬 중요하다는 말이지요. 버핏은 "가장 큰 실수는 저축하는 습관을 제대로 배우지 못하는 일"이라고 말하고 있습니다. "특히 쓰고 남은 돈을 저축할 생각을 해서는 안 된다. 그 대신 저축하고 남은 돈을 써야 한다."라고 가르치고 있습니다.

### 2) 장기적으로 생각하라.

빨리 부자가 되려는 생각은 버리십시오. 천천히 부자가 되기 위해 노력하는 게 훨씬 더 현실적입니다. "아무리 재능이나 노력이 뛰어나도 시간이 걸리는 일이 있다. 9명의 여성을 임신시킨다고 한 달 만에 아기를 낳을 수는 없다."

### 3) 시장 예측을 무시하라.

버핏은 장기 전망을 중시하는 만큼이나 시장 예측을 경멸합니다. 시장이 단기적으로 어디로 향할지는 아무도 모릅니다. 버핏은 심지어 "주식 전략가가 하는 유일한 공헌은 점쟁이를 멋지게 보이게 하는 일"이라고 말했습니다.

### 4) 겸손해져라.

투자자들이 워런 버핏에게서 배울 수 있는 또 다른 중요한 교훈은 당신이 생각하는 것처럼 많은 것을 알아야 한다는 게 아닙니다. "투자에 있어 대부분 사람에게 중요한 일은 얼마나 많이 알고 있느냐가 아니라, 모르는 일을 얼마나 현실적으로 정리해내느냐."

### 5) 단순함을 유지하라.

"쉬운 일을 어렵게 만들기 좋아하는 비뚤어진 특성이 인간에게 있어 보인다."라고 버핏은 말했습니다. 성공적인 투자는 많은 투자 전문가가 생각하는 것보다 훨씬 간단합니다. 버핏은 이렇게 말했습니다. "잘못된 일을 너무 많이 하지 않는 한 아주 적은 일만 하면 된다."

### 6) 침착함을 유지하라.

워런 버핏이 투자자에게 주는 마지막이자 가장 중요한 교훈은 주변 사람들이 지나치게 불안해 하거나 흥분할 때 침착함을 유지하라는 말입니다. 자신을 최악의 적으로 만들지 말라는 뜻입니다. 버핏은 "투자자에게 가장 중요한 자질은 지성이 아니라 기질"이라고 했습니다.


## 당신은 당신에 달렸다

지금까지 배운 것들을 정리하자면, 편안한 노후를 위해 자금을 마련하는 일이 지금의 이십 대와 삼십 대에게는 벅찬 도전 과제가 되었다는 말이 됩니다. 그러나 '천만에!'라고 하며 쉽게 웃어넘기지는 말기 바랍니다. 혹시 당신이 기대하는 그 막대한 유산은 결코 현실이 되지 않을 수도 있습니다. 그래서 문제를 직시해야 합니다. 복권 당첨이라는 대박도 일어나지 않을 수 있습니다. 그렇다면 어떤 대안을 갖고 있나요?

사람들은 점점 더 오래 살게 됩니다. 오늘날 이십 대는 평균적으로 팔십 대까지는 생존할 수 있고, 많은 사람이 100세 이상을 살게 될 겁니다. 그래서 지금 저축과 투자를 미루면 칠십 대까지 계속 일을 해야 할 위험이 있습니다. 설상가상으로 이에 더해 말년 생활비를 국가에 의존하거나, 자선 단체에 의존하거나, 친구나 친척에게 의존해야 한다고 상상해 보십시오. 결국, 이 문제는 당신에 달려 있습니다.

자신의 미래를 준비하는 일은 다른 누구의 책임도 아닌 당신의 책임입니다. 그러나 버핏의 6가지 기본 원칙에 집중하고, 우리가 이 책에서 권장하는 단계를 밟아 나간다면 경제적 자유*Financial Freedom*를 완벽하게 달성할 수 있습니다.

# 저축해야 하는 이유

딕과 마크 맥도날드*Mcdonalds* 형제는 1940년대에 캘리포니아 샌버나디노에서 자주 갔던 핫도그 가판대를 모델로 한 드라이브인 레스토랑을 열었습니다. 1940년대 후반 이들은 변화하는 미국에서 배운 몇 가지 교훈과 변화의 역동성을 활용하기 위해 사업을 재편하기로 했습니다. 맥도날드 형제는 제2차 세계대전 이후 급증하는 중산층이 교외로 이사하면서 출퇴근하고 가족이 증가하면서 그 어느 때보다 바쁘게 생활하고 있는 점에 주목했습니다.

사람들은 음식이 더 빨리 나오기를 원했기 때문에 맥도날드 형제는 부엌을 조립라인으로 만들었습니다. 그리고 메뉴는 버거, 감자튀김, 쉐이크에만 집중함으로써 음식 준비 과정을 단순화했습니다. 이것이 패스트푸드와 맥도날드라고 불리는 작은 레스토랑의 발명품입니다. 레이 크록<sup>Ray Kroc</sup>은 이 비즈니스 모델의 가능성을 알아본 밀크쉐이크 기계 판매원이었습니다. 레이 크록은 맥도날드 형제와 손잡았고, 1954년에는 프랜차이즈 레스토랑 대리인으로 일하면서 사업 규모를 확장해 갔습니다. 맥도날드 형제는 제국을 건설하는 사업 스타일이 아니었지만, 사업가 기질이 강한 크록은 그런 스타일이었습니다. 그래서 마침내 맥도날드를 인수했고, 맥도날드를 지구상에서 가장 큰 브랜드 외식업체 중 하나로 만드는 데 성공했습니다.

맥도날드와 손을 잡은 후 수 년이 지났을 때, 크록은 맥도날드 형제가 만든 시스템을 단순하게 본따서 다른 체인점을 만들 수도 있었는데, 왜 맥도날드 형제와 제휴하고 사업을 인수했는지에 관해 질문을 받았습니다. 그가 말한 이유 중 하나는 그가 가전 제품 판매원으로 수 년 동안 방문했던 수천 개의 주방 작업 공간 중 단연 최고의 작업 공간이었다는 점이었습니다. 그러나 더 중요한 이유는 이름 그 자체였습니다. 브랜드 외식업체로서 맥도날드라는 이름은 잘 어울렸지만, 크록은 무척이나 어색했다는 뜻입니다.

우리가 특정 단어에 부여하는 의미는 맥도날드와 비교되는 크록처럼, 사람들이 단어에 대해 느끼는 의미와 어감에 영향을 줄 수 있습니다. 빅 맥*Big Mac*은 빅 크록*Big Kroc*보다 훨씬 부드러운 미각이라는 느낌을 줍니다. 돈을 저축하는 일은 크록이 맥도날드를 빼버리는 것처럼 저축할 돈을 써버리는 것과 유사합니다. 많은 전문가가 저축의 장점을 설명할 때 '검소함'이나 '지연된 만족감'과 같은 용어를 사용합니다. 하지만 '검소함'은 '싸다'의 또 다른 단어일 뿐이며, 아무도 싸구려로 낙인찍히는 것을 원하지 않습니다. 그리고 지금 만족할 수 있는데 만족을 미루라는 끔찍한 말로 들립니다.

저축하게 하려면 저축을 새롭게 정의해야 합니다. 돈 드레이퍼*Don Draper*는 돈을 저축하는 일을 새롭게 정의하여 시장에 선보이고 있습니다. "저축은 시간을 벌 수 있는 방법입니다!" 드레이퍼는 이렇게 정의합니다. 시간은 지구상에서 가장 귀중한 자원이며, 불평등이 없는 유일한 자원입니다. 우리에게는 모두 하루 24시간이라는 시간이 한정되어 있습니다. 돈을 절약하면 미래에 어떻게 시간을 보낼 수 있을지 그 방법을 더 잘 제어할 수 있습니다. 좋아하는 일을 하며 보내는 시간, 가족이나 친구들과 함께하는 시간, 흥미진진하게 여행하며 보내는 시간을 선택할 수 있습니다.

그리고 결국 돈을 벌기 위해 일하러 갈 필요가 없는 시간을 저축은 만들어 낼 수 있습니다. 저축은 당신이 미래에 원하는 어떤 일을, 돈을 벌어야 하기 때문에 하지 못하는 일이 없도록 만들어 줍니다. 지금 더 많이 저축해서 당신이 원하는 경제적 목표를 달성한다면, 당신이 가진 돈이나 일해서 버는 소득에서 지출해야 하는 몫은 적어진다는 말이 됩니다. 저축률이 높아질수록 미래의 지출은 낮아지는 게 당연합니다. 이렇게 저축률의 증가는 지출률의 감소와 손을 맞잡고 나란히 가게 됩니다.

따라서 저축이야말로 돈 문제에서 자유로워지도록 하는 첫 번째 입장권입니다. 절약하면 미래의 시간을 확보할 수 있을 뿐만 아니라, 현재 직면한 문제에 대한 완충 효과도 얻을 수 있습니다. 당신이 설계한 최선의 계획에도 불구하고 생활이 불가피하게 문제가 될 때 돈을 저축해 두었다면 저축은 안전지대가 되어 줍니다. 이런 문제는 가족의 건강에서 실직에 이르기까지, 자녀의 교육과 결혼에 이르기까지 다양합니다.

인생은 그 자체로 충분히 스트레스 투성이지만, 경제적 문제가 같이 부각되면 거칠게 증폭될 수 있습니다. 인생이 당신에게 생각지도 못한 커브 볼을 던질 때, 당신이 마지막으로 생각하게 되는 게 돈입니다. 문제는 대부분 사람이 처음부터 저축해야 하는 이유를 충분히 깊게 알지 못한다는 사실입니다. 부자가 되어야 한다는 건 합리적인 목표처럼 보이지만, 부자가 되어야 하는 이유는 사람마다 다릅니다. 그리고 돈이라는 숫자가 당신을 부자로 만들어주지도 않습니다. 계속해서 돈 때문에 스트레스를 받는다면, 얼마나 가졌느냐는 중요하지 않습니다. 돈 때문에 여전히 걱정한다면 당신은 부자가 아닙니다.

일을 넘어 인생을 위해 저축한다는 일은 누군가에게는 불가능하고 누군가에게는 너무 먼 미래처럼 가혹하게 들립니다. 그렇지만, 대부분 사람은 부자가 되기를 원합니다. 그러나 사실 우리 모두 부자가 될 수 있다면, 부자라는 말은 각자 전혀 다른 차원의 말이 될 수도 있습니다. 그러므로 가난하게 죽지 않으려고 노력하는 편이 옳기도 하고 좋은 목표라고 생각됩니다. 당신이 아직 시작도 못했다고 생각한다 하더라도 너무 걱정하지 마시기 바랍니다. 필요한 단 한 가지는 성공으로 공이 굴러가도록 하는 작은 발차기입니다.

# Lesson 02

## 작은 승리가 중요한 이유

개인금융 전문가로부터 듣는 많은 조언은 사실 이쪽도 저쪽도 아니면서 던지는 그럴듯한 말입니다. "버는 것보다 적게 쓰고 남는 돈을 저축하면 어떻습니까?" "매일 스타벅스Starbucks에서 커피를 마시는 걸 중단하는 건 어떻습니까?" "일 년 전에 넷플릭스Netflix 구독을 중단했다면 얼마를 절약할 수 있었는지 아십니까?" "주식 시장에 돈을 넣어두고 만지지 말고 장기투자하십시오." "아주 간단합니다!"

대부분의 경제적 조언이 통하지 않는 데는 이유가 있습니다. 이걸 듣는 사람이 자신을 나쁘게 생각하도록 만들기 때문입니다. 이조언들은 실제로 시도해보기 전까지는 간단하게 들립니다. 하지만, 개인이나 가계의 경제 문제는 단순화할 수 있고, 단순화해야 합니다. 그렇지만 인간적인 부분을 생각하면 절대 쉽지 않습니다. 왜냐하면 사람들을 혹하게 해서 무언가를 새롭게 선택해 보도록 할 유혹이 세상에는 너무 많기 때문입니다.

저축한다고 결정했다고 하더라도 어디서부터 시작해야 하는지, 어떤 계좌를 개설해야 하는지, 어떤 투자가 합당한지, 그렇게 저축한 돈으로 무엇을 해야 하는지를 알기는 어렵습니다. 그리고 단순하게 저축하기로 결정하는 일이 개인이나 가계의 경제를 고려하는 과정에서 가장 어려운 부분이 될 수도 있습니다. 그렇다면 저축을 준비하고 시작하는데 있어 내 상황을 불리하게 만드는 저축도 있을까요? 그건 과연 무엇일가요?

최근 금리를 확인한 적이 있는지 생각해보세요. 사람들이 종종 팍팍한 현실에 너무 압도되어 개인의 경제를 설계할 때 신경도 안 쓰거나, 사소한 일에 너무 신경을 쓴 나머지 처음부터 시작도 못하는 일은 이해할 만합니다. 그렇더라도 시작하는 일은 무척 중요합니다. 작은 성공이 지속적인 습관으로 바뀌면서 긍정적인 결과를 가져올 수 있기 때문입니다. 작은 성공이 점점 커져서 마침내 큰 결과를 만들어내기 때문이지요.

역사상 가장 많은 메달을 딴 올림픽 선수인 수영 선수 마이클 펠프스*Michael Phelps*를 예로 들어 보겠습니다. 밥 보우맨*Bob Bowman* 코치는 펠프스와 운동을 시작했을 때, 작은 일부터 시작하는 방식을 활용해 펠프스가 제대로된 자신감을 갖도록 했습니다. 보우맨은 작가인 차알즈 두힉*Charles Duhigg*에게 이렇게 말하고 있습니다.

"결국, 우리는 작은 성공의 순간에 집중해야 하고, 이를 정신의 방아쇠로 만드는 일이 최고라는 사실을 알아냈습니다. 우리는 그런 일을 일상적인 일로 만들었습니다. 그래서 펠프스에게 승리감을 주기 위해 모든 레이스가 시작되기 전에 우리가 하는 특별한 과정을 만들었습니다. 이 아이디어는 자기 마음에 승리감이 만들어지는 과정을 지켜보는 데 도움이 되고, 결과적으로는 작은 승리가 복합적으로 작용하여 결국 더 큰 승리를 만들어내고, 성공을 만들어내는 일상을 만들어내고, 이런 일상은 더 큰 승리로 바뀝니다."

이제 막 저축을 시작하는 경우도 마찬가지입니다. 한 경제연구팀은 사람들이 작은 승리의 힘을 활용하여 더 큰 돈을 절약할 수 있도록 돕기 시작했습니다. 이 팀은 하루에 1만 원을 저축하는 것과 한 달에 30만 원를 저축하는 것을 고객에게 제안할 때, 고객이 작은 것을 선택했을 때 저축에 성공할 가능성이 더 크다는 점을 발견했습니다. 두 제안의 결과를 보면, 한 달간 저축한 금액은 결국 같지만 네 배나 많은 사람이 한 달에 30만 원을 저축하겠다고 약속하기보다 하루에 1만 원을 저축하는 데 동의했습니다.

이런 결정은 어떤 틀로 방법을 제시하느냐가 계획과 계산에 사용된 숫자만큼이나 큰 영향을 미칠 수 있다는 걸 보여줍니다. 이와 같은 원칙이 부채의 상환에도 적용됩니다. 일단 당신이 이런 방식으로 공을 굴리기 시작하면 공은 당신에게 유리하게 눈덩이처럼 불어납니다.

개인적인 경험을 하나 얘기해보죠. 벤은 대학을 졸업하고 첫 직장에서 연봉 36,000달러*4,700만 원*를 받았습니다. 집세를 내고, 약혼반지 살 돈을 모으고, 학자금 대출을 갚고, 생애 처음으로 자동차를 사고 할부금을 내고 나니 저축에 투자할 여유가 거의 없었습니다. 그의 작은 회사는 연금이 없었기 때문에 1년 정도 일한 후 개인연금을 들어 장기은퇴저축을 시작했습니다. 벤은 여유가 별로 없었으므로 소액펀드 회사를 선택해 매달 50달러만 저축했습니다.

큰 돈도 아니었으므로 결과를 보기까지는 오랜 시간이 걸렸습니다. 하지만 벤은 자신이 계좌를 개설하고 얼마 지나지 않아 계좌에 금액이 늘기 시작했다는 사실에 자부심을 느꼈습니다. 시간이 지나, 벤의 연봉이 오르면서 더 많은 돈을 벌게 되었고 저축 금액도 천천히 늘렸습니다. 벤은 임금 인상 때마다 비용이 더 드는 생활 방식으로의 변화를 피하고 저축액을 늘리기 위해 저축률을 높이는데 주력했습니다.

벤이 원하는 수준까지 저축률을 달성하는 데는 여러 해가 걸렸습니다. 시간이 지나면서 더 많은 연봉을 받는 것이 저축에는 확실히 도움이 되었지만, 그가 가장 잘한 일은 '올바른 경제 습관을 들이는 것'이었고, 그것은 습관 이전에 '일단 시작했다는 것'이었습니다. 저축으로 만들어진 직장생활 초반의 이 작은 승리는 올바른 경제 습관을 들이는 데 도움이 되었고, 저축 측면에서 벤은 결국 자신이 원하는 안전지대에 도달할 수 있었습니다.

자기계발 분야의 저술가 제임스 클리어*James Clear*는 저서 「아주 작은 습관의 힘*Atomic Habits*」에서 작은 개선이 만들어내는 놀라운 힘을 보여줍니다. 작은 개선이 가져오는 차이는 시간이 지남에 따라 놀랍게 커집니다. 수학적 계산은 다음과 같습니다. 1년 동안 매일 1%씩 향상할 수 있다면 마침내 1년이 끝날 때는 37배의 향상을 가져오게 됩니다. 반대로 1년 동안 매일 1%씩 악화하면 거의 0으로 떨어지게 됩니다.

작은 승리나 작은 좌절로 시작된 일은 누적되면 훨씬 더 많은 축적과 충격을 가져올 수 있습니다. "하루에 1%만 더 나아지면 1년 동안 37배 더 나아진다." 말은 쉽지만 실행은 어렵습니다. 하지만 시간이 지남에 따라 작은 개선이 얼마나 큰 성과나 개선을 가져올 수 있는지를 보여주는 말입니다. 마라톤을 훈련하면서 첫날에 26.2마일을 달리는 사람은 없습니다. 저축도 마찬가지입니다.

소득의 3%를 저축하기 시작하여 장래에 그 비율을 꾸준히 늘리는 일을 목표로 한다고 가정해 보겠습니다. 첫 해에 소득의 3%를 저축하다가 다음 해에 4%를 저축하면 저축률이 33% 증가합니다. 4%

에서 5%로 이동하면 연간 25%의 저축률 증가 효과를 얻을 수 있습니다. 5%에서 6%로 저축률을 올리면 저축률은 20% 증가합니다. 당신이 막 주식투자를 시작했을 때의 목표는 주식 시장이 보여주는 역사적 수익률보다 더 크게 자산이 증가하는 것입니다. 실제로 주식 시장은 지난 90년 동안 평균 8%에서 10%의 수익률을 보여줬습니다. 여기에 투자하면 당신은 안정된 상태의 저축률에 도달하게 됩니다.

예를 들어, 당신이 25세이고 연간 약 6천만 원을 벌고 세금을 제외하고 매월 집에 가져가는 급여가 400만 원 정도라고 가정해 보겠습니다. 집에 가져간 금액의 12%인 약 48만 원을 저축할 수 있다고 생각합니다. 다음 해에 당신은 주식 시장의 역사적 수익률인 8%~10% 이상으로 수익률 증가를 생각해 볼 수 있습니다. 12% 저축률이 25% 증가하면, 이제부터는 매달 집에 가져가는 급여의 15%를 저축하게 됩니다. 이제 한 달에 60만 원을 저축하게 됩니다. 나이가 들수록 더 많이 저축하는 일이 고통이 되지 않게 하려면 이렇게 젊을 때 좋은 습관을 기르는 일이 중요합니다.

심리학자들은 이익을 보고 기분이 좋아지는 것보다 손실을 봤을 때의 고통이 두 배나 더 아프다고 결론 내리고 있습니다. 나이가 들어서 저축을 시작한다면, 저축을 자신의 습관으로 만들지 못했다면 손실은 수입이 사라진 것처럼 느껴질 것입니다. 그래서 결국, 저축하지 못한 것이 소득이 감소한 것처럼 느껴져 실제보다 훨씬 우울해질 수 있습니다. 금융의 생애주기 초기에는 수익의 대부분이 투자 능력에서 나오는 것이 아니라 저축률에서 나온다는 사실을 반드시 기억하십시오. 이제 그 이유를 설명할 겁니다.

# Lesson 03

## 저축을 시작하는 시기

언제부터 저축을 시작해야 할까요? 사실 이 질문을 하기 전에 먼저 할 일이 있습니다. 그것은 저축을 시작하기 전에 부채를 살펴보는 일입니다. 부채 때문에 지불하는 이자가 대부분 저축으로 얻게 되는 이자보다 훨씬 높기 때문에, 저축을 시작하기 전에 신용 카드 잔액을 정리하거나 대출을 상환하는 일을 먼저 해야 합니다. 일단 부채가 청산되면, 우선적으로 할 일은 현금을 저축해서 비상 자금을 만드는 일입니다. 미래는 어떻게 될지 아무도 모르기 때문에 실직과 같은 불운에 가장 먼저 대비하는 겁니다.

이상적인 금액은 6개월 정도 기본적인 지출을 충당할 수 있는 현금을 확보하는 수준이 돼야 합니다. 그러나 이 금액이 작지 않으므로 현실적으로는 적어도 3개월 정도 지출을 충당할 비상 자금을 마련해야 합니다. 필요할 때 즉시 돈을 사용할 수 있어야 하므로 자유입출금 통장이나, 카드로 인출할 수 있는 현금 인출 계정을 만들어야 합니다. 현금 인출 계정은 이자율이 적금 계정보다는 낮지만, 비상 자금을 넣어두는 계정이므로 꼭 필요하다는 사실을 기억하십시오.

이제 부채를 갚았고 비상시에 사용할 현금이 있습니다. 이제 주식 시장에 투자할 준비가 되었습니다. 그리고 미루지 마세요. 빨리 시작할수록 좋습니다. 왜 그럴까요? 왜냐하면 더 오래 투자할수록 '복리의 기적'으로 부르는 이익을 더 많이 얻을 수 있기 때문입니다. 예를 들어, 워런 버핏*Warren Buffett*을 볼까요. 버핏은 세계에서 가장 부유한 사람 중 한 명이자 현대의 가장 위대한 투자자 중 한 명이며, 11살에 처음으로 주식을 샀던 인물입니다.

포브스*Forbes* 400 목록을 보면, 1990년에 60세 생일을 맞은 버핏의 순자산은 40억 달러에 육박했습니다. 2020년에 90세가 되었을 때, 버핏의 순자산은 700억 달러 이상으로 치솟았습니다. 이 말은 버핏의 순자산의 거의 95%가 60세 생일 이후에 만들어졌다는 사실을 의미합니다. 이제부터 간단한 사례를 살펴본 후에 이 '복리의 기적'이라는 문제로 다시 돌아오도록 하겠습니다.

대부분의 투자 계산식이나 계산기기는 매우 간단한 입력만을 제공합니다. 현재 저축한 금액, 미래에 저축 가능한 예측 금액, 미래에 예측 가능한 수익을 입력합니다. 그러면 계산기기는 이렇게 가정으로 입력된 숫자를 기반으로 미래 가치를 산출합니다. 하지만, 이런 계산 방법은 인생이 일직선으로 흘러가지 않기 때문에 은퇴까지 저축할 돈을 정확히 계산해내는 온전한 방법이 되어줄 수 없습니다. 그러니까 지저분하고 복잡한 현실 세계를 깨끗하고 단순한 투자 계산식이 풀어낼 수 없다는 겁니다.

장기투자로 성장하는 계획은 불스아이<sup>Bullseye</sup>라고 부르는 직선적 정확성이라기보다는 투수가 던지는 커브볼의 정확성에 관한 일입니다. 하지만, 수치를 입력해보면 적어도 저축 습관이 장기적으로 부를 창출하는 능력을 키우는데 어떤 영향을 미치는지에 대한 일반적인 아이디어를 얻을 수 있습니다. 이런 아이디어를 염두에 두고, 일반적인 퇴직 계산식에서 따져보는 것처럼, 긴 시간이 남은 어떤 젊은이에 대한 몇 가지 기본적인 가정을 해 볼 수 있습니다.

퇴직 연령이 65세이고 25세부터 저축을 시작한다고 가정해 보겠습니다. 연간 소득이 4,000만 원이고 연간 소득의 12%를 저축하기 시작합니다. 소득은 매년 3%씩 증가한다고 가정합니다. 그렇다면 이 상황에서 투자 계산기를 두드려보면 은퇴할 때 얼마를 수령하게 될까요? 25세라는 이른 나이에 시작하여 65세에 은퇴할 때까지 저축하면 15억 원 이상의 최종 수령액을 얻을 수 있습니다.

| 시작 연령 | 25 | 연간 저축률 | 12% |
|---|---|---|---|
| 퇴직 연령 | 65 | 총 저축액 | 377,584,000원 |
| 연평균 수익률 | 7% | 총 수령액 | 1,524,564,000원 |
| 연평균 소득 증가율 | 3% | 수령액 대비 저축률 | 25% |
| 시작 연봉 | 40,000,000원 | 수령액 대비 수익률 | 75% |

두 자릿수 저축률을 꾸준히 유지하고, 적절한 투자 수익을 올리고, 건전한 복리투자가 은퇴할 때까지 유지된다면 저축을 통해 백만장자가 될 수 있다는 사실을 알 수 있습니다. 이 수치를 잘 들여다

보면 저축액이 아니라 투자 수익이 '총 수령액'의 대부분을 차지한다는 사실을 이해할 수 있게 되며, 따라서 젊은 투자자가 집중해야 하는 것은 저축액이 아니라 투자 수익이라는 사실을 확인하게 됩니다. 왜냐하면, 투자자의 '총 수령액'의 75%가 복리투자에서 나오기 때문입니다.

그러나 이 결과를 구간으로 나누어 보면 전혀 다른 이야기가 됩니다. 25세에 저축을 시작하고 35세까지만 유지했다면 상황은 다음의 표와 같습니다. 다음의 표에서 보시다시피, 초기에는 퇴직 계좌에 넣은 저축액이 '총 수령액'의 대부분을 차지합니다. 무려 71%가 저축액에 해당합니다. 단지 29%만이 투자 수익에 해당합니다. 이것은 투자자를 지금까지 이끌어온 것이 투자 수익이 아니라 저축액이라는 사실을 보여줍니다.

| 중단 연령 | 45 | 수령액 대비 저축률 | 50% |
| 총 수령액 | 274,932,000원 | 수령액 대비 수익률 | 50% |

| 중단 연령 | 35 | 수령액 대비 저축률 | 71% |
| 총 수령액 | 87,135,000원 | 수령액 대비 수익률 | 29% |

이제 45세까지의 결과는 어떻게 되는지 살펴보겠습니다. 결과는 다음과 같습니다.

앞의 표에서 보듯이, 투자 수익이 전체 균형 기여도 측면에서 저축액을 따라잡는 데 20년 이상이 걸렸습니다. 위 표는 잘 드러나지 않는 복리 이율의 마술을 조금 보여줍니다. 이 마술은 점점 강력해져서 충분한 시간과 충분한 저축액을 확보했을 경우 퇴직 연령이 가까워짐에 따라 금액이 기하급수적으로 는다는 사실을 보여줍니다. 저축과 투자는 마지막 10년 동안의 가치 변화에서 복리 이율의 마술을 실제로 이런 모습으로 보여줍니다.

| 중단 연령 | 56 | 총 수령액 | 739,559,000원 |
|---|---|---|---|
| 중단 연령 | 65 | 총 수령액 | 1,524,564,000원 |

위 사례에서 지난 10년$^{56세~65세}$에 대한 투자로 얻은 투자 수익은 총 수령액의 40% 이상인 660,000,000원에 달합니다. 여기에서 위에서 언급한 워런 버핏의 사례가 적용됩니다. 분명히, '오마하$^{Omaha}$의 현인'으로 불리는 워런 버핏은 지구상에서 가장 부유한 사람 중 하나이기 때문에 다소 불공정한 비교입니다. 그러나 버핏의 자산 성장

과정과 복리가 적용된 자산 증식 사례는 돈이 내부에 축적될 때까지 어떻게 천천히 성장하며 이후로 복리 이자가 발생하면서 어떻게 폭발적으로 성장하는지를 보여줍니다.

일반적으로 은퇴자들이 갖게 되는 '진정한 부는 저축, 복리 그리고 수중에 쥐고 있는 돈의 조합'으로 이루어집니다. 결코 투자 수익이 아닙니다. 명심하십시오. 저축, 복리 그리고 수중에 갖고 있는 돈, 현금입니다. 진정한 부를 얻는 일은 시간이 걸리고 쉽지가 않습니다. 놀라운 수익은 수십 년이 걸려야 한다는 말이지요. 저축이 투자보다 중요하지만, 저축은 지루한 일로 보이고 투자는 섹시해 보이지요.

아래의 기본 예시에서 몇 가지 더 많은 교훈을 얻을 수 있습니다.

• 금융 시장에서 투자 수익 몇 퍼센트를 올리는 일이 더 스릴있고 흥미롭겠지만, 당신이 초년부터 몇십 년 동안 저축하는 일은 당신의 어떤 투자 전략보다 성공적인 수익을 가져다 줄 수 있습니다. 기대 수명이 계속 증가하면서 인내의 미덕과 시간의 지평에

대한 이해가 그 어느 때보다 중요해지고 있습니다.

• 위에서 제시한 사례에서 소득에 대한 저축률을 12%에서 15%
로 높이는 일은 매년 연말 투자 결과로 환산할 때, 연간 수익률
을 매년 1%씩 증가시키는 것과 맞먹는 효과를 내게 됩니다. 그
리고 저축률이 12%에서 20%가 되면 연간 수익률이 2% 향상되
는 효과를 냅니다. 투자로 수익을 높이는 일은 돈을 더 저축하
는 일보다 훨씬 어렵습니다. 아무도 시장에서 일어나는 일은 통
제할 수 없지만, 저축률은 실제로 통제할 수 있기 때문입니다.

• 복리 이자를 앞에서 구간으로 나눠 살펴본 대로 기간 특성으로
살펴본다면, 장기 저축과 장기 투자 계획을 실천해야 하는 이유
를 알 수 있게 됩니다. 매 순간 변화하는 시장의 움직임은 당신
의 포트폴리오를 새로 만들어야 하거나, 잘못된 것처럼 보이게
할 수 있지만, 실제로는 장기적으로 더 많은 돈을 저축하는 단
순한 행동이 당신의 부의 규모를 키웁니다.

• 장기 투자로 성공한 사람들은 그 원인의 거의 2/3를 개인의 저

축률에서 찾을 수 있다고 하고, 나머지 33%만 자산 배분이나 투자 선택에 의한 결과라고 말하고 있습니다. 대다수 사람에게 저축은 투자보다 훨씬 중요합니다. 돈을 저축하지 않으면 워런 버핏의 성과와 당신은 아무 관련이 없습니다. 돈을 뭉쳐 힘을 발휘하게 하려면 돈이 필요합니다. 저축이 항상 투자보다 앞선다는 말입니다. 그런데 왜 처음부터 투자할 목적으로 저축을 해야 할까요?

# 투자부터 시작하는 이유

1970년 당시에 영화표 가격은 약 30펜스$^{Pence,\ 15원}$였습니다. 요즘엔 얼마인가요? 7.5파운드$^{GBP,\ 12,000원}$ 정도입니다. 파운드로 계산하면, 50년 동안 2,400% 이상 증가했습니다. 1970년도의 새 차 평균가격은 1,000파운드였고, 1리터당 휘발유 가격은 7펜스였습니다. 반세기 후 자동차는 약 23,000파운드, 휘발유는 리터당 1.25파운드로 평균가격이 각각 2,010%와 1,685% 증가했습니다. 금융 설계를 시작할 때는 저축이 투자보다 더 중요합니다. 그렇지만 생활 수준을 높이려면 물가가 오르는 속도보다 더 빠르게 돈이 불어나도록 해야 합니다.

만약 당신이 가진 돈을 뒷마당에 묻어버린다면, 당신이 이렇게 방치한 돈은 연간 물가상승률이 3%였을 때 그 가치가 절반으로 줄어드는 데 24년이 걸립니다. 4%라면 돈의 반감기는 18년에 불과합니다. 장기 저축을 생산적인 금융 포트폴리오에 포함시켜 두지 않으면 돈은 점점 가치를 잃게 됩니다. 왜 그런지 알아보기 위해 가장 인기 있는 신발 브랜드 중 하나를 예로 들어 보겠습니다.

1984년 NBA 드래프트에서 시카고 불스*Chicago Bulls*가 전체 3순위로 지명한 마이클 조던*Michael Jordan*은 나이키와 5년 계약을 맺었습니다.

**72의 법칙**

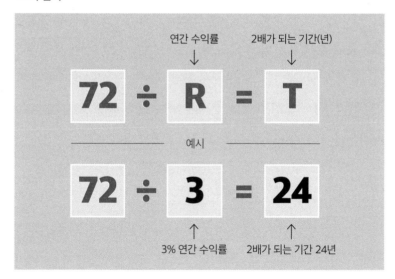

당시 계약금은 250만 달러로 엄청난 수준이었습니다. 1년 후, 나이키*Nike*는 조던에게 조던 시그니처 신발을 출시해 주었습니다. 이렇게 탄생한 것이 에어 조던*Air Jordan*입니다. 그리고 조던은 6번의 NBA 타이틀과 수많은 MVP 상을 수상하며 최고의 선수로 널리 인정받게 되었습니다. 이후로 수백 가지로 변형된 30가지가 넘는 다양한 시그니처 에어 조던이 출시되었습니다.

조던 브랜드는 매우 성공적이어서 이후로는 그가 NBA에서 뛰었던 것보다 나이키와의 파트너십을 통해 훨씬 더 많은 돈을 벌었습니다. 2019년에는 조던 브랜드만으로도 나이키는 30억 달러 이상의 매출을 올렸습니다. 이 금액은 회사 전체 매출의 약 1/3에 해당합니다. 첫 번째 신발은 당시 시장에서 가장 비싼 농구화로, 65달러에 팔렸습니다. 이 신발은 이제 한 켤레에 200달러 이상에 정기적으로 출시되는데, 특정 모델은 수천 달러에 팔리기도 합니다.

이제 첫 번째 에어 조던이 시장에 출시된 지 30년이 훨씬 넘었습니다. 그렇다면 1985년에 조던의 백 넘버에 65달러를 투자하고 나이키 주식에 65달러를 투자했다면 결과는 어떻게 되었을까요? 에어 조던 한 켤레의 가격은 1985년 65달러에서 2019년에는 235달러로 가격이 올랐습니다. 이런 성장세는 연간 4% 증가한 수치로 해당 기간 동안 나타난 인플레이션율 2.5%를 능가합니다. 그러나 나이키의 주가는 1985년부터 2019년까지 매년 21% 이상의 속도로 상승했습니다. 1985년, 나이키에 65달러를 투자했다면 2019년 말에는 그 가치가 36,000달러 이상이 되었겠지요.

엄청 비싼 신발 한 켤레의 사례지요. 이런 사례는 역사상 가장 성공적인 회사 중 하나를 보여주는 단적인 사례지만, 주식 장기 보유가 가질 수 있는 폭발적인 힘과 생산적인 자산에 대한 투자의 필요성을 보여줍니다. 집, 자동차, 음식, 의복 등 물가는 일반적으로 시간이 지남에 따라 상승하므로 이런 인플레이션의 영향으로부터 저축의 가치를 보호하기 위해 반드시 돈을 투자해야 합니다. 인플레이션이 부에 미치는 영향과 관련하여 시간은 가장 큰 적입니다. 그러나 시간은 부를 늘리는 데 있어 가장 큰 자산이기도 합니다.

Lesson 05

# 당신의 가장 큰
# 자산

주식 시장에서 나이키나 테슬라*Tesla*와 같은 다음 빈 승자를 계속 찾아내기는 솔직히 말해서 힘든 일일 겁니다. 그러면 일찍 시작함으로써 시장에서 내는 작은 수익을 어떻게 큰 수익으로 바꿀 수 있는지 현실적인 방법을 살펴보겠습니다. 사라와 존은 취업에서 은퇴에 이르는 여정에 서로 다른 길을 걸었습니다. 사라는 항상 계획을 세우는 스타일로, 학교를 졸업하고 첫 직장을 얻은 후부터 저축을 시작했습니다. 반면에 존은 나중에 저축할 만큼 준비될 때까지 기다리고 싶어서 바로 저축하지 않는 방식을 채택했습니다.

사라는 25세부터 은퇴를 위해 저축하기 시작해 35세가 될 때까지 11년간 직장 퇴직 계좌에 매월 500파운드*800,000원*씩 저축했습니다. 그리고는 이후로 저축을 중단하고 복리 이자에 자산을 맡기는 현명한 설계를 했습니다. 65세가 되었을 때까지 연간 펀드 수익률이 7%라고 가정하면, 11년간 총 66,000파운드를 저축하였는데도 약 720,000파운드*1,152,000,000원*를 받고 은퇴할 수 있게 됩니다.

존은 주식 시장을 볼 때, 카지노처럼 항상 운영자에게 확률이 높은 방식으로 운영된다고 생각했기 때문에 수년 동안 투자를 보류했습니다. 그러나 사라가 천천히 부를 쌓아가는 사실을 보고 마침내 40세에 이르러 저축을 시작하기로 결심했습니다. 존은 사라의 방식으로 한 달에 500파운드를 저축했고, 실제로 65세에 은퇴하는 날까지 저축을 계속했습니다. 존이 20년이 넘는 기간에 저축한 총액은 156,000파운드가 됩니다.

존도 사라처럼 연간 7%의 펀드 수익을 얻는다고 가정하면, 은퇴할 때 약 412,000파운드를 받게 됩니다. 존은 사라보다 2.5배나 많은 돈을 저축하고 2.5배나 긴 기간 저축했지만, 은퇴할 때는 사라보다 308,000파운드나 적게 받았습니다. 이런 일이 어떻게 가능할까요? 사라와 존은 같은 수익률로 펀드가 운용됐습니다. 다만, 저축을 시작하는 시기가 달랐습니다. 저축액을 납입한 기간은 존이 오히려 훨씬 길었습니다. 이걸 도표로 볼까요?

| 구분 | 사라 | 존 |
|---|---|---|
| 저축 시작 연령 | 25세 | 40세 |
| 저축 중단 연령 | 35세 | 65세 |
| 저축 총액 | 66,000파운드 | 156,000파운드 |
| 총 수령액 | 720,000파운드 | 412,000파운드 |

사라는 존보다 자신의 가장 큰 자산인 시간을 잘 활용했습니다. 사라의 저축은 존이 허비한 15년 동안 복리로 자산을 증식하는 기간이 되어 더 크게 돈이 불어나는 결과를 만들었습니다. 이 사례는 시간이 만들어내는 복리 효과를 보여주는 단순한 예가 될 수 있지만, 사라처럼 11년 만에 쉽게 저축을 중단할 이유는 없습니다. 단 한 번의 인생을 복리 효과를 증명하기 위해 사는 것은 아니니 35세에 저축을 중단할 이유는 없습니다.

사라가 35세에 저축을 멈추지 않고 은퇴 연령인 65세가 될 때까지 매년 성실하게 저축을 계속했다고 가정해 보겠습니다. 같은 액

수의 월 저축액을 끝까지 모았다면 사라는 65세에는 포트폴리오를 거의 1,300,000파운드로 늘릴 수 있습니다. 사라가 존보다 15년 일찍 시작했으니 90,000파운드를 더 저축했겠지만, 은퇴할 때 총 수령액은 거의 700,000파운드가 더 많습니다. 젊었을 때 할 수 있는 가장 좋은 선택은 가능한 한 빨리 저축과 투자를 시작하여 긴 시간을 활용하는 일입니다.

금융 작가 윌리엄 번스타인William Bernstein의 계산에 따르면 "25세에 1달러를 저축하지 않으면 35세에는 2달러, 45세에는 4달러, 55세에는 8달러를 저축해야 한다."고 합니다. 실제로 45세에 어느 정도 상당한 수준의 저축이 없으면 심각한 문제에 부닥치게 됩니다. 번스타인의 계산대로라면, 25세에는 급여의 10%를 저축해야 할 일을 45세에 시작하면 급여의 거의 절반을 저축해야 한다는 계산이 나옵니다. 단 한 살이라도 어린 나이에 시작하면 복리의 힘을 활용하는 데 도움이 되는 것은 물론이고, 나이를 먹어 받게 될 스트레스와 금전적 부담을 덜어낼 수 있습니다.

당신이 지금 이해한 대로, 나이가 많다고 해서 위에서 말한 모든 것이 문제가 되는 것은 아닙니다. 당신에게는 일이 아니라 더 정밀한 계산과 더 높은 저축률이 필요하게 되는 것입니다. 그래서 'Lesson 20'에서는 늦게 시작하더라도 투자를 성공적으로 이뤄내는 방법을 살펴보겠습니다. 위 사례에서 500파운드를 사용한 이유는 머릿속에 쏙 들어오는 숫자이기 때문입니다. 그러나 저축해야 할 금액을 계산하는 일은 은퇴 연령과 관련해 대답하기 가장 어려운 질문 중 하나입니다. 이제 얼마를 저축해야 하는지 알아봅니다.

# 얼마를 저축해야
# 할까

누군가에게 경제적 조언을 해주는 일은 상황에 따라 많은 부분이 달라지기 때문에 항상 까다로운 일입니다. 따라서 그 사람의 목표, 필요, 욕망, 기질, 성격, 현재의 경제적 상황을 알지 못하면 조언을 제공할 수 없습니다. 그러나 모든 사람의 특정한 개인적, 경제적 상황을 대입하는 대신 간단하게 적용할 수 있는 유용한 경험 법칙을 말해준다면, 그것은 '저축률이 평균 소득 대비 두 자릿수 비율'이어야 한다는 사실입니다.

개인의 소득을 운용하는 데 있어 이처럼 높은 저축률을 설정한다면 다른 것을 전혀 고려하지 않는다 하더라도 무난한 자산 운용으로 평가할 수 있습니다. 우리는 이 두 자릿수 중에서 10%는 좋은 목표로 평가하고, 수입의 15~20%는 훌륭한 목표라고 평가합니다. 인생에 두 자릿수 저축률을 적용하면 얻을 수 있는 장점이 많습니다.

- 인생이 당신의 계획을 방해할 때 안전지대를 제공해줍니다.
- 경제적으로 독립해서 생활할 때 융자를 받거나 자산을 매각하는 일을 줄일 수 있습니다.
- 금전적인 의사결정에서 발생하는 많은 스트레스를 줄여줍니다.
- 당신이 얼마를 지출할지 결정하는 일은 인생에서 통제할 수 있는 몇 안 되는 영역의 하나입니다. 당장은 불가능하더라도 시간이 지남에 따라 두 자릿수 저축률에 도달하기 위해 저축액을 대폭 늘릴 수 있는 몇 가지 방법이 있습니다.

## 청구서처럼 처리하라

우리의 의지에는 한계가 있다는 걸 인식하고 저축을 시작해야 합니다. 수입에서 매월 예산을 빼서 쓰고 남은 돈을 저축하려고 하면 결국에는 패하는 전략이었다는 걸 깨닫게 됩니다. 저축은 자동으로, 최우선으로 해야 우리의 의지가 놓친 맹점을 극복할 수 있습니다.

따라서 저축을 넷플릭스*Netflix*나 헬스클럽 월회비와 같은 청구서나 구독료라고 생각하며 대해야 합니다.

개인 연금이나 주식 계좌 등에 자동이체를 설정하면 다른 청구서처럼 급여가 지급된 직후에 은행 계좌에서 출금되도록 설정할 수 있으므로 쉽고 편리합니다. 은행에 들어오는 즉시 빠져나가는 돈이라서 절대 볼 수 없고 이론상 놓칠 염려도 없게 되지요. 급여에서 저축이 우선 처리되게 하면 다른 지출 항목을 움직이면서 저축을 위한 틈을 만들어낼 이유가 사라집니다. 오히려 저축 목표를 우선으로 충족했기 때문에 걱정 없이 돈을 쓸 수 있게 됩니다.

지금까지 설명한 방법은 예산 편성을 역순으로 하는 방법입니다. 임대료, 공과금, 인터넷 사용료, 스트리밍 서비스를 비롯한 정기 결제금과 마찬가지로 매월 돈을 저축하는 일을 가장 우선시하는 겁니다. 금액이나 비율 목표는 매월 급여에서 약간 부족해서 손해를 본다는 생각이 들만큼 충분한 돈을 저축하는 일입니다.

## 당신의 길을 가라

급여에서 많은 돈을 절약하기 어렵다는 두려움 때문에 조그맣게 시작하고 싶다고 가정해 봅시다. 은퇴를 위해 한 달에 100파운드를 저축하는데 연소득이 60,000파운드라면 저축률은 2%입니다. 두 자릿수 저축률 목표를 달성하기 위해서는 해야 할 일이 있습니다. 왜냐하면 매년 저축률이 1%만 증가해도 시간이 지남에 따라 포트폴리오에는 수십만 파운드가 추가될 수 있기 때문입니다.

카렌*Karen*을 예로 들어 보겠습니다. 카렌은 30세로 1년에 60,000파운드를 벌고 한 달에 100파운드를 저축합니다. 카렌이 65세에 은퇴할 때까지 매년 소득의 2%를 계속 저축하고 연간 수익률이 7%라고 가정할 때, 은퇴할 때의 총 수령액은 260,000파운드에 조금 못 미치는 금액이 됩니다. 이제 카렌이 연간 1%씩 저축률을 높이면서 저축한다면 어떻게 되는지 살펴보겠습니다.

연간 1%씩 저축률을 올려 총 15%의 저축률 목표를 달성하려면 14년이 걸리겠지요. 이런 방법으로 카렌은 점진적으로 15%의 저축률을 달성할 수 있습니다. 이처럼 14년 동안 단 1%씩만 저축률을 증가시키고 15년차부터 퇴직할 때까지 15%의 저축률을 유지한다면 카렌이 은퇴할 때 총 수령액은 1,400,000파운드로 늘어나게 됩니다. 카렌의 인생 포트폴리오에서 연간 1% 저축률을 증가시키는 것은 1,000,000파운드 이상의 값어치가 있다는 것을 보여줍니다. 다시 말하지만, 가능한 저축 포트폴리오를 만드는 프로세스를 자동화하십시오.

## 매칭 펀드를 활용하라

모두에게 해당하는 일은 아니지만, 일부 고용주는 당신에게 매칭 펀드를 제공할 수도 있습니다. 이 제도는 정부에서 청년들에게 제공하기도 하는 좋은 제도입니다. 한국에는 2023년 6월부터 시행한 청년도약계좌가 있습니다. 이 제도를 활용하면 연금이나 저축 계좌에 더 많은 금액을 더 빠르게 채울 수 있는 '기여 매칭Contribution matching' 효과를 내줍니다. 이는 사실 무상지원되는 금액이므로 가능하다면 반드시 활용하십시오.

## 생활 패턴을 유지하라

친구가 부자가 되거나 비싸고 새로운 물건을 사는 걸 보고도 질투하지 않을 수 있다면, 당신은 타고난 갑부에 해당합니다. 생활 패턴의 변화는 돈을 절약하는 데 있어 가장 큰 걸림돌 중 하나입니다. 특히, 소득이 늘면서 생활 패턴이 소비로 기우는 것은 저축에 가장 큰 걸림돌이 됩니다. 왜냐하면, 돈을 더 많이 벌수록 더 많이 누릴 필요가 있다고 느끼기 때문입니다. 더 많은 돈을 벌면 삶이 더 쉬워질 수는 있지만, 정말 제대로 부를 쌓고 싶다면 지출 비율이 저축을 절대 앞지르지 않도록 해야 합니다.

30세의 카렌으로 돌아가 봅시다. 카렌은 여전히 1년에 60,000파운드를 벌고 급여의 2%를 저축합니다. 카렌의 급여는 고용주에 의해 매년 3%씩 인상됩니다. 이제 카렌이 매년 연간 인상액의 절반을 저축하고 나머지 절반은 생활 수준 향상을 위해 사용하는 일 외에 다른 변화를 주지 않는다고 가정합니다. 나는 이런 패턴을 '저축-플러스-보상전략'이라고 부릅니다. 매년 인상률 3%의 절반을 저축하면 카렌의 총 수령액은 256,000파운드에서 433,000파운드로 거의 두 배가 됩니다.

이제 한 단계 더 나아가 카렌이 40대 중반에 저축률이 15%에 도달하도록 매년 1%씩 저축률을 높이고, 동시에 연간 인상률의 절반을 절약해 저축하게 될 경우 어떤 일이 발생하는지 살펴봅니다. 이제 65세에 이르면 카렌은 거의 1,600,000파운드를 받게 됩니다. 작은 일부터 시작하여 생활 패턴의 변화를 피하고 저축 목표를 달성하기 위해 천천히 노력하면 은퇴 저축 잔액을 이처럼 크게 늘릴 수 있습니다.

## 최대한 지출을 줄여라

돈을 저축하는 일이 중요한 일이긴 하지만, 지출을 줄여서 저축해야 경제적 안정을 구축할 수 있습니다. 대부분 금융 전문가는 경제적으로 앞서 나가기 위한 검소의 미덕을 설파하지만, 사실은 더 많은 돈을 버는 방법이 저축을 더 많이 할 수 있는 더 좋은 방법입니다. 당신이 할 수 있는 최고의 투자는 당신 자신에게 있다는 뜻입니다. 경력 초기에 10,000파운드의 연봉을 올려 받을 수 있다면 은퇴할 때는 1,000,000파운드에 가까운 가치가 있을 수 있습니다.

다음은 저축에 우선 순위를 정할 경우 경력 초기 10,000파운드 연봉 인상이 어떻게 은퇴시 총 수령액을 변화시키게 되는지를 보여주는 세 가지 시나리오입니다. 조건은 연평균 6%의 수익이 발생하고 매년 3%씩 연봉이 인상된다는 가정입니다. 첫째는 인상된 연봉의 25%를 저축하고, 두 번째는 인상된 연봉의 50%를 저축하고, 마지막은 75%를 저축하는 시나리오를 가정합니다.

| 구분 | 인상액의 25% 저축 | 인상액의 50% 저축 | 인상액의 75% 저축 |
|---|---|---|---|
| 10년 후 | 33,982파운드 | 67,965파운드 | 101,947파운드 |
| 20년 후 | 112,368파운드 | 224,737파운드 | 337,105파운드 |
| 30년 후 | 292,934파운드 | 585,867파운드 | 878,801파운드 |

만약 당신이 직장생활을 시작한 초기라면 이런 방식으로 접근해 보는 것도 중요합니다. 이제 당신의 경력 과정에서 초기의 급여 인상이 당신의 부에 얼마나 크게 영향을 미치는지 알게 됐습니다. 추

가 저축을 만드는 일은 세심한 배려를 기울이면 가능한 일이지만, 대부분의 사람에게 어려운 것은 실제로 더 많은 돈을 벌어 저축하는 일입니다. 우리가 이 책을 읽는 당신에게 집중해서 도전해 보도록 권할 만한 두 가지 조언이 있습니다.

## 상사를 도와라

직장생활을 한다면, 최대한 상사의 관점에서 모든 것을 보려고 노력하십시오. 대부분의 상사는 당신이 생각하는 것보다 더 상사 자신의 삶을 더 쉽고 편하게 만드는 데 관심이 있습니다. 따라서 다음과 같은 질문을 던져 보십시오. 상사가 당면하고 있는 문제는 무엇이고 어떻게 해결할 수 있을까? 상사가 좋아하지 않는 일은 무엇이고 내가 상사의 편의를 위해 제안할 수 있는 일은 무엇일까? 그러니까 부하 직원인 당신이 상사의 입장을 잘 헤아린다면 당신의 연봉 인상을 현실로 만들 수도 있겠지요.

## 자신을 영업하라

대부분 사람은 협상을 좋아하지도 즐기지도 않습니다. 그러나 더 높은 임금을 받고 싶다면 불편한 대화를 피하지 말아야 합니다. 따라서 협상에 관해 연구해가며 자신감을 갖고 자신을 영업하는 영업 사원이 되어 보십시오. 왜 당신이 지금보다 더 많은 연봉을 받을 가치가 있는지에 관해 차분하고 정중하게 설명하십시오. 이런 태도는 오만함과는 전혀 관련이 없습니다. 보상받을 가치가 있는 자신의 면모를 보여주는 일일 뿐입니다.

이제, 두 자릿수 저축률이라는 목표에 도달하는 방법을 파악했으니, 그 돈을 어디에 투자해야 하는지 알아야 합니다.

# Lesson 07

## 투자 대상은 무엇인가

새로운 사업을 시작하고 싶다고 가정해 봅시다. '피시 앤 칩스*Fish and Chips*'의 우버*Uber*라고 할 수 있는 '패스트피시*FastFish*'는 영국에서 가장 유명한 튀김 요리를 요리 후 15분 이내에 배달 받기를 원하는 사람들을 대상으로 하는 사업입니다. 물론 이것은 가정입니다. 수요가 많을 것이라고 생각하지만, 아이디어를 실현할 자금은 충분하지 않습니다. 이 꿈의 사업을 현실로 바꾸는 데는 두 가지 옵션이 있습니다.

- 첫 번째 옵션은 원금을 일정 기간 동안 이자와 함께 상환하는 중소기업 대출을 통해 은행에서 돈을 빌리는 방법입니다.
- 두 번째 옵션은 가족, 친구 또는 외부 투자자에게 회사의 지분을 판매하는 방법인데, 사업이 매각되거나 상장되면 투자자들

은 배당이나 주식 가치 상승분에 대한 수익을 나눠 받을 자격이
있습니다.

각 자금 조달 방법에는 장단점이 있는데, 패스트피시가 성공적으
로 영업을 한다면, 회사의 지분을 산 사람이 더 높은 배당 이익을 얻
거나, 지분의 가치가 상승하는 이익을 얻는 막대한 수혜를 받을 수
있습니다. 반면에 은행에서 대출을 해줬다면 은행은 합의된 이자만
받게 되고 대출 만기가 되면 원금을 상환받게 됩니다. 하지만 패스
트피시가 형편없이 사업을 한다면, 지분을 산 사람은 더 낮은 배당
이익을 얻거나, 지분 가치가 떨어질 수 있고, 최악의 시나리오는 지
분이 휴지가 되는 심각한 잠재적인 위험이 있습니다.

사업을 추진하는 대출자는 어떨까요? 법적으로 부채 상환의 의무
가 있으며, 파산 시에는 주주에게 배상금을 지급하거나 자산 몰수를
당할 수도 있습니다. 사람들이 주문형 피시 앤 칩스인 패스트피시를
관심 대상이 아니라고 외면해 버리는 경우가 될 겁니다. 금융 자산
은 이와 유사한 위험 요소가 있습니다. 주식 투자는 큰 상승 잠재력
을 제공하지만 큰 하락 가능성의 위험도 있습니다. 채권도 그렇습니

다. 우량 부채나 채권을 보유하면 큰 손실의 위험이 낮아지지만, 이러한 장점은 상승 여력 역시 낮아지는 결과로 상쇄되고 맙니다.

주식 소유자에게 보장되는 현금 흐름은 채권 소유자의 현금 흐름보다 훨씬 더 변동성이 큽니다. 기업은 고유한 비즈니스 위험이 있고 경제가 어려워질 경우 문제가 발생할 수 있기 때문입니다. 따라서 주식을 소유해 주주가 되는 방법과 채권을 소유해 대부자<sup>貸付者</sup>가 되는 방법에는 옳고 그름이 존재하지 않습니다. 그저 자본을 배치하는 방법이 다를 뿐입니다. 그러나 둘 사이에 어떤 비율로 돈을 할당할 것인지를 결정하는 기준은 투자자로서 내리는 가장 중요한 결정의 하나입니다.

자본 투자의 위험에 대해 이해했다면 다음과 같은 원칙을 반드시 새겨두세요. 때때로 손실이나 뼈를 깎는 변동성을 받아들이지 않고서는 장기적으로 높은 수익을 얻을 수 없습니다. 그리고 장기적으로 더 낮은 수익을 기꺼이 받아들이지 못한다면 단기적으로는 손실과 뼈를 깎는 변동성으로부터 돈을 안전하게 지킬 수 없습니다. 위험은 완전히 사라지지 않고 다른 곳으로 이전될 뿐입니다. 이것이 저축을 투자로 전환할 때 위험과 보상의 본질입니다. 이제 주식 시장의 위험과 보상을 이해해야 합니다.

# Lesson 08

# 주식 시장의 숨겨진
# 작동 원리

개인적인 경험을 이야기하겠습니다. 약혼을 한 나, 벤*Ben Carlson*은 아내가 될 여자와 어떻게 가계 재정을 공동으로 운영할지에 관해 진지한 논의를 시작했습니다. 우리는 당시 20대 중후반이었고, 나는 아내에게 저축의 대부분을 주식에 투자하고 싶다고 말했습니다. 이 얘기는 분명히 내가 꺼낸 얘기였지만, 둘 사이에서 아내는 금융 무지한이었고 나는 전문가였습니다. 우리는 지출 습관, 가계 예산, 저축, 부채, 청구서 지불 및 장기적인 재정 목표 설정에 관해 일반적인 계획 방법을 논의했습니다.

이런 대화는 반드시 필요하며, 인생 여정을 같이 하는 커플이라면 한 번쯤은 이런 기회를 갖는 것이 필요합니다. 가지고 있는 자산이 반 토막 나는 가장 빠른 방법은 주식 시장 붕괴가 아니라 이혼입니다. 따라서 자산 문제에 관해서는 같은 곳에서 같은 곳을 바라보는지를 확인하는 것이 가장 좋은 방법입니다. 나와 아내는 저축, 지출, 신용 카드 빚, 생활비 등에서 비슷한 배경을 가진 상태였기 때문에, 다른 부부에게 재정 문제가 얼마나 더 큰 문제로 발전하는지를 생각하면 우리의 대화는 잘 풀리는 편이었습니다.

하지만, 아내가 좀 더 명확해져야 하는 부분이 있었습니다. 그것은 저축을 주식에 투자하는 주제였습니다. 다른 사람과 마찬가지로 아내는 뉴스에서 듣거나 TV나 영화에서 본 것 외에는 주식과 시장에 관해 알지 못했습니다. 아내는 주식 투자를 별로 좋게 생각하지 않았습니다. 그래서 내가 아내에게 대부분 돈을 주식에 투자하겠다고, 특히 우리가 한 살이라도 젊을 때 하자고 말했을 때 아내는 걱정했습니다.

"주식은 정말 위험하지 않아요? 이건 돈으로 노름하는 게 아닌가요? 우리 돈을 대부분 잃는 건 아닌가요? 돈을 그냥 안전한 곳에 두어야 하지 않을까요?" 금융업계에서 일하는 나는 회사에서 엑셀*Excel* 스프레드시트나 파워포인트*PowerPoint* 프레젠테이션을 다루기는 했지만, 곁에서 아내가 지루해하지 않고 내 얘기의 핵심을 잘 이해할 수 있도록 가장 평범한 언어로 다시 풀어서 설명해야 했습니다.

나는 아내에게 다음과 같이 말했습니다. "주식 시장은 누구나 인간의 창의력에 투자할 수 있는 유일한 곳이다. 주식 시장은 오늘보다 더 나은 내일을 위한 한판승이다. 주식은 계속해서 혁신하고 성장하는 지적인 사람이나 기업에 편승해서 성과를 낼 수 있는 선택이라고 생각해야 한다. 자신의 사업을 소유하는 일 이외에 주식 시장에서 주식을 사는 일은 다른 비즈니스 세계의 일부를 소유하는 가장 간단한 방법이다."

주식 시장에서 주식을 소유하는 방법의 가장 큰 장점은 주식을 보유하는 일 외에는 아무것도 하지 않고 돈을 벌 수 있다는 사실입니다. 회사는 주주들에게 배당금을 지급할 때 재투자하거나 원하는 대로 지출할 수 있는 투자 계좌로 현금이 지급됩니다. 주식 시장은 일하지 않고도 수동적으로 소득을 얻을 수 있는 지구상에서 몇 안 되는 곳 중 하나입니다. 사고 기다리기만 하면 됩니다.

그런데 만약 글로벌 주식 시장이 장기적으로 오르지 않으면 당신에게 투자 포트폴리오의 규모보다 더 큰 문제가 발생합니다. 간단하게 말해, 주식 시장의 위험과 수익은 관련이 있습니다만, 위험을 감수한다고 해서 수익이 보장되지는 않습니다. 당연히 위험이 수익을 보장할 리가 없죠. 하지만 저것 없이는 이것을 가질 수 없는 문제가 있지요. 주식을 소유하는 위험에 노출되지 않는다면 풍성한 수익을 기대할 권리가 없어집니다.

나쁜 소식을 먼저 말씀드리면, 지금이 주식에 투자하기에 좋은 시기인지 나쁜 시기인지 알 수 있는 방법이 없다는 겁니다. 좋은 소식은 충분히 긴 시간을 남겨둔 사람들에게는 좋고 나쁜 시점을 아는 것이 별로 중요하지 않다는 것입니다. 많은 사람이 주식 시장을 카지노에 비유하지만, 카지노에서의 승률은 당신에게 대단히 불리합니다. 카지노에서는 더 오래 플레이할수록 카지노 하우스가 확률에서 유리해지기 때문에, 당신이 만약 이겼더라도 다른 패자가 떠나야 될 확률이 높아집니다. 이조차 결국 자신에게 돌아옵니다.

주식 시장에서는 정반대입니다. 시간적 측면에서 긴 기간을 끌고 갈수록 긍정적인 결과를 얻을 확률이 계속 높아집니다. 물론 이런 긍정적인 결과는 아무리 긴 기간 동안이라도 보장된 수익률을 제공하지는 않습니다. 주식 시장이 수익률을 일관되게 유지해 준다면야 다른 걱정을 할 필요가 없겠지요. 하지만, 어떻든 주식 시장에서 인내하는 투자자는 거의 대부분의 경우에 있어 보상을 받습니다.

S&P500 지수 차트를 예로 들어보겠습니다. 아래 도표는 1926년 이후 미국 S&P500 지수의 수익률을 보여주는 표입니다. 어느 해든 수익률이 마이너스일 확률은 25%였습니다. 그러나 과거 20년 동안

S&P500 지수, 1926~2000년

| 시간 단위 | 상승률 | 하락률 |
|---|---|---|
| 매일 | 56% | 44% |
| 1년 | 75% | 25% |
| 5년 | 88% | 12% |
| 10년 | 95% | 5% |
| 20년 | 100% | 0% |

마이너스 수익률을 기록한 경우는 단 한 번도 없었습니다. S&P500 지수는 1926~2020년의 기간에 하루 단위로 상승 56%와 하락 44%, 1년 단위로 상승 75%와 하락 25%, 5년 단위로 상승 88%와 하락 12%, 10년 단위로 상승 95%와 하락 5%, 20년 단위로 상승 100%와 하락 0%였습니다. *Dimensional Fund Advisors*

따라서 수익률은 일관성이 없으면 아무것도 아니며, 매년 평균 수익률을 내는 일도 불가능합니다. 다음의 표에서 볼 수 있듯이, S&P500의 5년간 연평균 수익률 최고치는 36.1%였습니다. 5년간 최악의 연평균 수익률은 -17.4%였습니다. 물론 이 둘을 비교해보면 큰 차이가 나는 변동성입니다. 그러나 그 기간이 길어질수록 최고 수익

**S&P500 연평균 수익률 : 1926~2020**

|  | 5 Years | 10 Years | 20 Years | 30 Years |
|---|---|---|---|---|
| Best | 36.10% | 21.40% | 18.30% | 14.80% |
| Worst | -17.40% | -4.90% | 1.90% | 7.80% |
| Average | 10.10% | 10.40% | 10.90% | 11.20% |

자료 : Dimensional Fund Advisors

률과 최악 수익률 사이의 격차는 작아지게 됩니다.

표에서 보듯, 10년 동안 투자했는데도 최악의 경우에는 4.9%나 하락할 수 있습니다. 그리고 20년, 30년을 투자했을 때도 최고의 연평균 수익률과 최악의 연평균 수익률 사이에는 큰 격차가 있었습니다. 그러나 여기서 정확하게 확인해야 할 것이 하나 있습니다. 30년 동안 최악의 연평균 수익률을 기록한 7.8%에 원금을 대입하면 850% 이상의 총 수익률이 나왔다는 사실입니다. 복리의 마법이 탄생시킨 아름다운 결과입니다. S&P500에 최악의 투자를 했더라도 30년 수익률은 초기 투자금의 850% 이상을 돌려줬습니다.

주식 시장은 다른 측면에서 봐도 복리 산출 기계입니다. 1950년 이후로 미국 주식 시장에서 큰 기업들은 주당 약 1달러에서 60달러를 배당하고 있다는 사실을 알 수 있습니다. 이 기업들의 주당순이익EPS, Earning Per Share은 2달러에서 100달러로 증가했습니다. 2023년에는 평균 주당순이익이 200달러에 이르는 것으로 평가됩니다. 그리고 이들의 지난 70여 년 성장률은 약 6,000%를 기록하고 있는데, 연평균 성장률 6% 이상을 보여주고 있습니다. 그리고 최근에는 성장률이 더욱 가팔라지고 있습니다.

다음은 10년 단위로 잘라 해당 연도에 S&P500에 투자했을 때의 10,000달러의 변화입니다. 여기에 펀드 수수료, 세금, 거래 비용 등은 포함하지 않았지만, 핵심은 장기적으로 볼 때 돈을 불리는 데는 주식 시장이 타의 추종을 불허한다는 점입니다. 그리고 긴 시간 주식 시장에 투자할수록 복리 효과가 커질 가능성은 높아집니다. 또한, 수치는 국가마다 다르지만, 선진국의 주요 시장에서는 비슷한 실적을 올렸습니다.

- 2010년의 가치는 2020년 9월까지 $37,600
- 2000년의 가치는 2020년 9월까지 $34,200
- 1990년의 가치는 2020년 9월까지 $182,300
- 1980년의 가치는 2020년 9월까지 $918,500
- 1970년의 가치는 2020년 9월까지 $1,623,500
- 1960년의 가치는 2020년 9월까지 $3,445,000

이렇게 주식투자의 좋은 점은 다 말했지만, 이 장기보유 복리시스템에는 단점이 있습니다. 주식은 단기적으로 당신의 폐부를 찢어 놓을 수 있습니다. 몇 일, 몇 개월, 몇 년으로는 승부를 내기 어렵다는 말과 같습니다. 앞의 표에서 봤듯, 10년을 투자했는데도 연평균 수익률이 -4.9%인 구간도 있습니다. 투자의 세계에 철통같은 규칙이 있다면 위험과 보상은 항상 그리고 영원히 붙어 있다는 사실입니다. 큰 손실의 가능성에 자신을 노출시키지 않으면 큰 이익을 얻을 수 없습니다. 주식이 채권이나 현금보다 시간이 지남에 따라 더 높은 수익률을 얻는 이유는 극심한 손실의 기간이 있기 때문입니다.

1950년에 투자한 1달러는 1972년 말까지 17달러로 증가하고, 1974년 가을에는 10달러로 떨어졌습니다. 이 지점에서부터 1987년 가을까지 10달러는 95달러로 증가합니다. 그런데 1987년 가을까지 95달러로 증가했던 투자금은 블랙먼데이*Black Monday* 폭락으로 인해 한 주 만에 62달러로 떨어집니다. 이 투자금은 2000년 봄이 되자 믿을 수 없게도 604달러가 됩니다. 그리고 2002년 가을까지 604달러는 340달러로 떨어집니다. 이후 2007년 가을까지 708달러로 천천히 상승한 후, 다음 1년 반 동안인 2009년 3월까지 347달러로 반 토막이 됩니다.

초기 투자금 1달러의 가치는 2009년 12월 말까지 다시 회복해 537 달러가 되었지만, 1999년 말이었던 10년 전 가치인 590달러보다 줄 어듭니다. 따라서 1950년에 투자한 1달러가 2020년에 2,000달러가 되었다는 사실은 그 사이에 많은 변동성이 있었다는 사실을 깨닫기 전까지는 놀랍게만 들립니다. 주식 시장은 때때로 단기적으로 크게 하락할 수 있다는 이유 때문에 장기적으로는 더 크게 상승합니다.

주식 시장은 단기적으로는 투자자들의 의견, 목표, 시간대 및 특 성의 차이에 탄력을 받고 장기적으로는 '펀더멘털*Fundamental*'이라고 칭하는 경제 자체에 의해 가치가 형성됩니다. 이는 주식이 상승폭을 초과하면서 펀더멘털이 가리키는 가치보다 높게 상승하는 이유입 니다. 또 다른 경우는 주식이 하방으로 과도하게 이동하여 펀더멘털 이 가리키는 가치보다 낮아지기도 합니다.

이런 현상이 나타나는 가장 큰 이유는 사람들이 한 곳에 열광할 때 투자 심리가 비정상적으로 변할 수 있기 때문입니다. 주식 시장 이 결국은 사람들의 의사결정으로 만들어지는 한, 항상 이와 같은 일은 일어날 수 있습니다. 자신이 응원하는 팀이 이기거나 지거나 또는 심판에 의해 몰수될 때 팬들이 얼마나 흥분할 수 있는지 생각해 보십시오. 이런 똑같은 감정 상태는 돈과 연관될 때 더 크게 나타납니다.

# Lesson 09

# 생애주기에 따른 투자법

우리가 이 책을 쓰는 동안, 벤<sup>Ben</sup>은 곧 다가올 자기 생일에 대해 매우 예민한 감정을 느끼고 있습니다. 그러나 로빈은 '지금이 40대였으면 얼마나 좋을까'하는 생각이 많아서 나이를 한 살 더 먹는 생일에는 그다지 관심이 없습니다. 하지만 우리 모두 동의할 수 있는 한 가지는 나이가 들면 시간이 정말 빨리 간다는 사실입니다. 이 말을 다르게 해석하면, 나이에 관계없이 시간을 최대한 활용해야 한다는 말이 됩니다.

은퇴한 후에도 사람들 대부분은 주식에 빠지는 경향이 있습니다. 여러분이 참고해 볼 수 있는 보험 계리 차트에 따르면 2020년에 40대 중반인 선진국 사람들의 기대 수명은 남성의 경우 약 84세, 여성의 경우 약 87세입니다. 따라서 우리가 이런 시대에 계속 산다고 가정하면 저자인 우리 둘은 아직 수십 년 동안 더 투자하고 있겠지요. 현실적으로 벤$^{Ben}$은 앞으로 40년 이상을 투자할 수 있습니다. 그동안 벤은 약 10번의 약세장을 더 경험할 수 있고, 그중 절반은 주식 시장 붕괴로 나타날 수 있습니다.

또한 그 기간에 적어도 7~8번의 경기 침체가 있을 수 있습니다. 벤이 이 예상 수치를 경험하게 될 것을 확신할 수 있냐구요? 물론 아무도 시장이나 경제에 관해서는 확신할 수 없지만, 역사적으로 반복되었던 부분이므로 대략적인 지침으로 활용할 수 있습니다. 1970년부터 2019년까지 50년 동안 7번의 경기 침체, 10번의 약세장, 4번의 합리적으로 인정할 수 밖에 없는 시장 붕괴가 있었습니다. 그리고, 미국 주식 시장의 손실은 30%를 초과했었습니다. 그리고 그 이전 1920년부터 1969년까지 과거 50년 동안에는 11번의 경기 침체, 15번의 약세장, 8번의 시장 붕괴가 있었고 미국 주식 시장의 손실은 역시 30%를 초과했습니다.

영국을 포함한 유럽 주식 시장의 수치도 상당히 유사합니다. 약세장, 잔혹한 폭락 그리고 경기 침체는 투자자의 삶에 담긴 진실입니다. 이런 진실은 우리가 돈을 저축하고 투자하는 시스템에서 발생하는 버그와 같은 문제가 아니라, 그 자체로 나타날 수 있는 잠재적인 기능이지요. 이 기능은 쉽게 사라지지 않고 언제라도 나타날 수 있기 때문에 경험하다 보면 익숙해질 수도 있습니다. 시장과 경제는 인간이 운영하는 것이고, 인간은 항상 좋은 것이나 나쁜 것에 빠져들기 때문에 시장의 폭락과 경기 침체는 항상 옆에 있다고 봐야 합니다.

그러나 이런 폭락과 경기 침체의 위험이 모든 사람에게 똑같이 작용하지는 않습니다. 당신이 평생 모은 저축을 깰 때의 좌절감은 그 시대의 질곡보다는 당신의 생애주기에서 당신이 서 있는 위치와 더 관련이 있습니다. 위험은 투자자의 생애주기에서 어디에 위치하느냐에 따라 서로 다른 의미가 있습니다. 젊었을 때의 평생 소득 잠재력은 투자 자본보다 훨씬 더 큰 자산입니다. 당신이 20대, 30대 혹은 40대라면 순 저축자일 확률이 높고 아직 창창한 몇 년이 더 남아 있습니다. 그래서 시장 변동성은 두려워할 일이 아니라 환영할 일이지요.

주식은 세일을 하면 고객들이 다 도망가는 유일한 상품이라는 속담이 있습니다. 하락장에서의 당신의 행동은 상승장에서의 행동보다 투자자로서 성공 혹은 실패에 더 큰 영향을 미칩니다. 하락장은 배당 수익률을 높이고 주식의 평가 가치를 낮추며, 더 낮은 가격대에서 주식을 살 수 있는 기회를 제공합니다. 그렇게 느껴지나요? 물론 그렇지 않을 수도 있지만, 돈을 저축하고 정기적으로 주식 시장에 투자한다면 더 낮은 가격대에 주식을 살 기회가 더 많아지는 일은 사실 좋은 일이 아닌가요?

문제가 있다고 한다면, 시장이 붕괴될 때 매도하기에는 너무 늦었고 매수하기에는 너무 이른 것처럼 느껴진다는 점입니다. 그러나 시간이 당신 편이라면, 특히 하락장에서는 투자 타이밍을 맞추는 일에 대해 걱정할 필요가 없습니다. 젊음이 좋은 점은 시장에서 성공할 타이밍을 전혀 걱정할 필요가 없다는 점입니다. 당신 앞에는 이미 인생이라는 긴 활주로가 놓여 있기 때문에 약세장을 기다릴 수 있는 능력이 있습니다. 당신에게 중요한 일은 주식 시장에서 무슨 일이 일어나든 정기적으로 저축하고 투자하는 일뿐입니다.

반면에 직장 생활이 거의 끝나가는 사람은 인건비를 벌 일은 줄어들겠지만, 이론적으로 충분한 금융 자본을 쌓아두고 있어야 합니다. 사람들은 점점 오래 살고 있습니다. 즉, 은퇴해도 돈 관리는 계속해서 해야 할 일이라는 말입니다. 그러나 인생의 은퇴 단계에서는 생애주기 관점에서 저축을 어떻게 투자해야 할지 더욱 신중해야 합니다. 왜냐하면 당신은 이제 하락장을 기다릴 시간이 별로 없고, 주식이 하락해서 여기저기서 피를 보고 있을 때 계속 살 수 있는 돈을 보유하고 있을 확률이 낮기 때문입니다.

시장 위험은 투자자가 생애주기에서 어디에 있는지만이 아니라 투자자의 성격이 어떤지도 크게 연관되어 있습니다. 투자자로서 당신의 위험 감수 프로필은 당신의 능력, 의지 그리고 위험을 감수해야 하는 필요성의 조합에 의해 결정됩니다. 이 세 가지 힘은 균형 상태에 있는 경우가 거의 없으므로 항상 약간의 절충이 필요합니다.

1. 위험을 감수하는 능력에는 시간 범위, 유동성 제약, 소득 프로필 및 재정 자원이 포함됩니다.
2. 위험을 감수하려는 의지에는 위험 성향이 포함됩니다. 위험의

감수 성향은 부를 늘리고 싶은 욕망이나 부를 보존하려는 욕망과는 다릅니다.

3. 위험을 감수해야 할 이유는 목표 달성에 필요한 목표 수익률을 결정하는 일이 포함됩니다.

은퇴 준비가 되어 있지 않은 사람들은 목표를 달성하기 위해 포트폴리오에서 더 많은 위험을 감수해야 할 수도 있지만, 의지나 능력이 없을 수도 있습니다. 저축한 돈이 충분한 사람들은 부를 더 늘리기 위해 더 많은 위험을 감수할 능력과 의지가 있을 수 있지만, 이미 게임에서 이겼기 때문에 그럴 필요가 없을 수도 있습니다. 적절한 투자 조합을 행성이 정배열하는 사례처럼 똑같이 찾아낼 수는 없지만, 그래도 위안이 되는 소식은 완벽한 포트폴리오 자체가 있을 수 없다는 사실입니다.

완벽한 포트폴리오는 모든 것이 다 지난 후 사후 평가로만 최상의 경우로 존재할 수 있습니다. 그리고 완벽한 투자 전략이 있다고 해도 당신이 장기적으로 그 전략을 유지하지 못하면 아무 소용이 없습니다. 그래서 끝까지 고수할 수 있는 중간 수준의 괜찮은 투자 전략이 고수할 수조차 없는 비범한 투자 전략보다 훨씬 뛰어납니다. 지켜야 하는 규율과 오랜 시간 투자할 수 있는 끈기가 재정적 성공에 있어서는 가장 중요한 일이고 균형을 이루어야 하는 일입니다.

시장에서의 손실을 견디고 계획을 계속 진행하는 능력은 투자자의 시간 지평, 위험을 감수하는 능력, 시간이라는 자신만의 인건비 사용, 자기 기질과 자아 특성의 조합에 따라 결정됩니다. 금전 문제에 관해 결정을 내릴 때 자신의 성향, 상황 그리고 결점에 관해 이해하지 못하면 위험을 얼마나 이해하고 있는지 제대로 측정할 수가 없습니다. 다음 레슨에서는 생각보다 주식을 고르기가 어려운 이유에 관해 설명드리겠습니다.

# Lesson 10

## 주식을 고르기
## 어려운 이유

제너럴일렉트릭GE은 2000년도에 미국 수식 시장에서 가장 큰 회사였습니다. 이 회사는 시장에서 가장 큰 회사였을 뿐만 아니라, 두 번째로 큰 회사인 엑슨Exxon의 거의 두 배 규모였습니다. 그러나 2000년 새로운 한 세기가 시작되면서부터 2020년 가을까지 제너럴일렉트릭의 주가는 모든 배당을 합산하더라도 80%나 하락했습니다. 퇴직 자산의 대부분을 세계 최고였던 이 주식에 투자했던 투자자들은 고통의 세계에 갇혀 살아야 했습니다.

2016년까지만 해도 제너럴일렉트릭 직원의 회사 퇴직연금은 거의 30% 이상을 자기 회사 주식에 투자하고 있었습니다. 무슨 뜻인지 이해하셨을 텐데요. 그러나 제너럴일렉트릭은 시작에 불과합니다. 미국 기업의 역사는 엔론Enron, 리먼브라더스Lehman Brothers, 월드

컴*WorldCom*과 같이 한때 위대했던 주식이 제너럴일렉트릭과 마찬가지로 명예의 전당에서 치욕의 나락으로 떨어진 사례로 가득 차 있습니다. 제프리 웨스트*Geoffrey West*는 20세기 중반 이후 상장된 미국 기업의 수명을 분석한 결과 다음과 같은 사실을 발견했습니다.

- 1950년부터 2009년까지 미국 주식 시장에 상장된 약 29,000개의 기업이 있었습니다. 해당 기간이 끝날 때는 인수합병이나 파산 등으로 거의 80%가 사라졌습니다.
- 주식 시장에 상장된 기업 중 약 5% 미만이 30년 동안 유지되었습니다.
- 회사가 사라질 위험은 생존 기간과는 무관합니다. 5년 된 회사가 6년이 되기 전에 도산할 확률은 50년 된 회사가 51년이 되기 전에 도산할 확률과 같습니다.
- 회사의 크기도 도산할 확률에는 영향이 없었습니다. 1955년 포춘*Fortune*이 선정한 500대 기업 중 12%만이 살아 남았습니다.
- 미국 상장 기업의 반감기는 10.5년으로, 이는 특정 연도에 상장된 모든 기업의 절반이 10.5년 이내에 사라졌음을 의미합니다.

하지만 대기업의 실패율이 높은 것은 미국만이 아닙니다. 2019년 초에 확인된 바로는, 35년 전에 런던국제증권거래소에 상장된 우량 주식 100종목으로 구성된 'FTSE100'이 출시되었을 때 FTSE100을 구성했던 원래의 영국 기업 100개 중 30개만이 그때까지 지수에 포함되어 있었습니다. 그래서 결론적으로 나쁜 소식은 단순히 기업으로 살아남는 것으로는 충분하지 않다는 점입니다. 장기적으로 볼 때 대부분 주식은 더 넓은 범위의 주식 시장을 하회합니다. 그러나 좋은 소식은 평균보다 성공한 소수의 주식이 항상 존재한다는 사실입니다. 이는 금융업계에서 일하는 벤과 같은 사람이 가장 많이 질문받는 단 하나의 질문으로 이어집니다.

"내가 매수를 고려하는 이 회사에 대해 어떻게 생각하십니까?"

벤은 항상 이렇게 대답합니다. "모르겠어요." 이렇게 일관된 대답으로 정중하게 평가를 거부할 때 질문자들은 하나같이 어리둥절한 표정으로 바라본다고 합니다. 실제로 벤이 모른다고 말한 것은 사실입니다. 그리고 로빈도 마찬가지입니다. 왜 그럴까요? 많은 사람의 생각과 다르게 주식을 고르는 일은 극도로 어렵기 때문입니다. 사실, 우리가 제안하고 싶은 것은 당신은 그런 주식을 고르려는 시도조차 하지 말라는 제안입니다. 성공적인 투자 비결 중 하나는 금융 미디어에서 많은 사람이 중요하게 믿는 것처럼 주식의 선택은 별로 중요하지 않다는 사실입니다.

다음은 이보다 더 중요한 사항에 대한 간략한 목록입니다.

- 저축률 : 저축은 투자의 첫걸음입니다.
- 자산 할당 : 주식, 채권, 현금 및 기타 투자의 조합은 포트폴리오의 위험 성향을 결정짓기 때문에 저축액 이상으로 투자 성공의 가장 큰 결정 요인이 될 수 있습니다.
- 당신의 투자 계획 : 금융 작가 닉 머레이*Nick Murray*는 "포트폴리오 자체는 계획이 아닙니다. 그리고 계획에 도움이 되지 않는 포트폴리오는 일종의 투기일 뿐입니다. 그런 투기는 대다수 다른 사람의 포트폴리오를 이기는 일 외에 다른 목표가 없습니다. 그러나 '실적' 또한 목표가 아닙니다."

포트폴리오가 계획이 아니라면 주식을 선택하는 것도 계획이 아닙니다. 주식을 고르는 일이 자산을 배분하는 일보다 더 재미있는 건 사실이지만, 목표를 이루기가 훨씬 더 어렵다는 사실은 인정할 수 있을 겁니다. 소액의 초기 투자를 수백만 파운드로 바꿔줄 수 있는 아마존*Amazon*이나 테슬라*Tesla*를 새롭게 발굴하려는 투자자들 앞에는 생애 저축을 파산시킬 수 있는 수천 개의 회사가 있다는 사실을 먼저 기억해야 합니다.

JP모건*JPMorgan Chase & Co.*의 놀라운 연구에 따르면, 미국 주식 시장에서 약 40%의 주식이 1980년 이후 고점에서 70% 이상 영원히 하락하고 말았습니다. 전체 주식의 2/3가 주식 시장 상승률 자체를 하회했고, 40%의 주식은 마이너스 수익률을 기록했습니다. 물론 이 시기에도 큰 승자들이 있었지만, 이는 소수의 선별된 주식입니다. 미국 주식 시장에서 약 7%의 회사만이 '극단적인 승자'에 속하는 평생 수익을 창출했습니다.

헨드릭 베셈빈더*Hendrik Bessembinder*의 연구에 따르면, 1926년 이후로 미국 주식 7개 중 4개가 저축 계좌에 있는 현금 수익보다 낮은 성과를 보였습니다. 주식 시장에서는 승자보다 패자를 선택할 확률이 훨씬 더 큽니다. 그리고 잃는 것을 선택하게 되면 대부분 큰 것을 잃는다는 것을 기억하십시오. 따라서 개별 주식을 사면 투자원금이 0이 될 수 있습니다. 즉, 전체 투자를 잃을 수도 있습니다. 그렇다면 답은 간단합니다. 다각화입니다. 개별 주식에 집중하지 말고 전체 시장을 사는 방법을 찾으세요.

경제의 한두 조각을 선택하지 마십시오. 모든 주요 부문에서 지분을 가져가세요. 건초 더미에서 바늘을 찾는 대신 건초 더미 전체를 사세요. 당신은 단순히 경제라는 게임 안에 머물 필요가 있습니다. 따라서 인생의 저축을 모두 빼앗아갈 수 있는 성급한 투자를 조심스럽게 피하면서 한두 가지를 기꺼이 받아들여야 합니다. 요컨대, 빨리 부자가 되는 일을 버리고 천천히 부자가 되는 일에 집중하세요. 어떻게 하느냐는 다음 레슨에서 알려드립니다.

# Lesson 11

# 자동화 투자를
# 선택하는 이유

우리는 대부분 스포츠 팀에 익숙해져 있습니다. 벤*Ben*은 '내셔널 풋볼 리그*NFL*'를 잘 알고 있으며, 매년 친구나 이웃 혹은 동료들로부터 잘나가는 풋볼 팀의 팬 클럽에 합류해 달라는 요청을 받습니다. 로빈*Robin*은 오랜 축구 팬이며, 프리미어리그*Premier League* 시즌이 시작될 때 역시 팬 클럽 초청을 받습니다. 그러나 우리 두 저자는 정중하게 그런 초청을 거부합니다. 스포츠 팬 클럽에 속한 사람들에게는 자연스럽게 들리는 일이지만 우리는 아닙니다. 사실, 많은 사람이 자신의 투자 포트폴리오를 이런 스포츠에 대한 감정처럼 느끼는 경우가 많습니다.

어떤 사람들은 단순히 구성 요소들이 제대로 구성되어 있는가를 확인할 에너지도 의향도 없습니다. 또한, 상황이나 변화에 맞춰 편드를 선택하거나 위험 노출 수준에 변화를 주는 번거로움조차 원하지 않습니다. 사실 이런 사고방식 자체에는 아무런 잘못이 없습니다. 물론 당신이 원한다면 더 많이 관여할 수 있습니다. 어떤 투자자는 투자가 지적으로 자극적이라고 생각하고 맞춤형 투자 포트폴리오를 구성하는 데 시간과 노력을 기꺼이 투자합니다. 그러나 대다수 사람에게는 어려운 일입니다.

지금부터는 투자 생활을 훨씬 더 쉽게 만들어 줄 두 가지 솔루션을 알려드립니다. 이번 레슨에서는 두 가지 솔루션 중 첫 번째인 '목표일자 펀드$^{TDF,\ Target\text{-}Date\ Fund}$'에 촛점을 맞춰 보도록 하겠습니다. 목표일자 펀드는 비교적 새로운 형태의 펀드로 영국에서 개발됐는데, 수십 년 동안 개인 투자자를 위한 최고의 펀드 상품 중 하나로 인정받았습니다. 왜냐하면, 목표일자 펀드는 투자자가 직접 투자 결정을 내리고 편리하게 활용하도록 프로세스를 자동화해주기 때문입니다. 스스로 펀드를 운용하기 어려운 일반 투자자를 위한 커다란 배려입니다.

그렇다면 목표일자 펀드는 어떻게 작동할까요? 각 목표일자 펀드의 이름에는 투자자가 은퇴할 시기를 나타내는 날짜가 있습니다. 만약 당신이 35세이고 65세에 은퇴할 계획이라고 가정해 보겠습니다. 2023년에 투자를 시작했다면 목표일자 2053 펀드는 해당 펀드의 종료일자가 30년 남았기 때문에 투자자의 직장생활 기간과 일치합니다. 이 펀드는 주식이나 채권으로 잘 분산해 자산군을 구성하고, 전 세계에 걸쳐 잘 분산해 투자하는 분산된 포트폴리오를 제공합니다. 펀드를 관리하는 투자 회사는 나이에 따라 자산 분산을 달리하여, 젊은 나이에는 주식이 많은 포트폴리오에서 은퇴가 가까워지면 균형 잡힌 포트폴리오로 전환합니다.

이런 포트폴리오 구조의 분산 변경은 시간이 지남에 따라 점진적으로 변화를 주기 때문에 글라이드패스*Glidepath*라고 합니다. 투자 회사는 시간이 지남에 따라 명시된 자산의 목표 가중치로 펀드의 균형을 자동 재조정할 수 있도록 합니다. 목표일의 포트폴리오별 보유량은 펀드 회사마다 다를 수 있지만, 주식에 대한 선호도에 따라 위험을 더 많이 또는 덜 감수하고 싶다면 언제든지 은퇴 날짜가 다른 펀드를 선택할 수도 있습니다.

예를 들어, 패트릭*Patrick*은 25세지만 주식 시장에서 손실을 감당할 능력이 아직 없다고 가정해 보겠습니다. 목표일자 2060년 펀드를 선택하는 대신 주식 비중이 더 낮은 2050년 또는 2045년 옵션을 선택할 수 있습니다. 반대로 45세지만 70대까지 일할 계획이며 주식 시장의 더 큰 위험을 기꺼이 감수하려는 파울라*Paula*는 어떨까요? 2040년 목표일자 펀드를 선택하는 대신 2050년 또는 2055년 펀드를 선택하여 더 많은 주식을 보유할 수 있습니다.

목표일자 펀드는 완벽하지 않습니다. 개개인의 정확한 요구 사항이나 자산 배분의 기본 설정에 따라 펀드 형태를 만들 수는 없기 때문입니다. 투자의 세계에서 투자자의 가려운 데를 직접 긁어줄 사람은 없습니다. 그리고 펀드 자금이 어떻게 운용되는지 정확하게 설명해 줄 사람도 없습니다. 은퇴 플랜에 대한 조언도 플랜 후원자에 따라 다르며 종종 심각한 헛점도 많습니다. 자산 배분이나 안전을 확보해 가는 경로도 펀드 회사마다 다를 수 있습니다. 한 가지 확실한 것은 다른 모든 투자와 마찬가지로 당신이 스스로 잘할 수도 있지만, 이 목표일자 펀드보다 더 수익을 악화시키는 일도 당신이 훨씬 더 잘할 수 있다는 사실입니다.

목표일자 펀드는 특정한 자산을 스스로 관리할 필요 없이 광범위하게 분산된 포트폴리오에 투자하려는 투자자에게 탁월한 방법입니다. 더 높은 수준의 개별화를 원한다면 언제든지 로보어드바이저 *Robo-advisor*라고 부르는 온라인 자산관리 서비스 제공업체에 가입할 수 있습니다. 물론 로보어드바이저는 완벽하지 않습니다. 그럴듯한 이름을 가졌음에도 처음에는 실제로 조언을 제공하지 못할 가능성이 큽니다.

그러나 특정한 요구 사항과 원하는 목표에 맞는 포트폴리오를 만들 수는 있습니다. 아마도 이러한 서비스의 가장 큰 특징은 투자자가 로보어드바이저 서비스에 가입하고 자신의 상황에 대한 여러 가지 일반적인 정보를 입력한 후에야 저축이나 투자가 자동화된다는 사실일 것입니다. 목표일자 펀드나 로보어드바이저 서비스의 가장 큰 장점은 포트폴리오를 만지작거리고 싶은 유혹을 줄여준다는 것입니다.

Lesson 12

# 패시브 펀드가
# 최고인 이유

모든 소비자가 알고 있듯, 일반적으로는 지불한 만큼 얻습니다. 외식, 휴가, 세탁기 등 무엇인가에 대해 더 많이 지불할수록 품질 면에서 더 나은 기대치를 갖게 됩니다. 스코다 파비아*Skoda Fabia*나 다치아 산데로*Dacia Sandero*는 둘 다 완벽할 정도로 좋은 차이지만, 새로운 애스톤 마틴 밴티지*Aston Martin Vantage*를 보면 적어도 10대를 사고 싶어지는 이유가 있습니다. 하지만 투자의 경우는 그 반대가 사실이라고 한다면 어떤가요? 내 자산을 관리하는 자산운용사에 지불하는 금액이 적을수록 결과가 더 좋아질까요? 예. 정확히 그렇습니다.

이미 설명했듯이 주식 시장의 수익률을 능가할 주식을 선택하는 일은 매우 어려운 일입니다. 왜냐구요? 주식 시장이 매우 효율적이기 때문입니다. 현재 주가는 그 기업에 관해 알려진 모든 정보를 반영하는데, 다른 투자자들은 모르는 새롭고 알려지지 않은 정보를 내가 어떻게 찾을 수 있나요? 그래서 주식은 선택하기가 매우 어렵습니다. 이를 뒷받침하는 이론을 '효율적 시장 가설*EMH, Efficient Market Hypothesis*'이라고 합니다. 따라서 개별 기업 투자를 선택하는 대신 벤*Ben*과 저는 특정 시장에서 모든 개별 기업을 보유하는 인덱스 펀드*Index Fund* 또는 트래커 펀드*Tracker Fund*에 투자하기를 권합니다.

액티브 펀드*Active Fund* 매니저에게 비용을 지불하고 주식을 선택하거나 개별 기업 투자를 직접 선택하는 대신 인덱스 펀드 투자자는 전체 시장에 수동적으로 투자합니다. 그 시장은 나스닥 종목 중 100대 기업, S&P500 종목 전체, 100대 영국 기업 중 FTSE 100, 모든 영국 기업, 실제 전 세계 주식 시장에 상장된 모든 기업인 전체 글로벌 시장이 될 수도 있습니다. 이제는 시장이 얼마나 효율적인지에 관해 논쟁을 벌일 수 있지만, 시장이 매우 강해서 이길 수 없을 만큼 효율적이라고 말하는 편이 타당합니다. 연구 결과를 보면, 장기적으로 액티브 펀드의 극소수만이 시장을 능가한다고 합니다. 게다가 그 극소수 펀드를 사전에 식별해 투자하는 일은 불가능합니다.

그러나 액티브 펀드보다 패시브 펀드$^{Passive\ Fund}$를 사용하는 더 근본적인 이유가 있습니다. 액티브 펀드에 비해 운용 보수가 훨씬 저렴합니다. 1970년대 중반에 일반 투자자들이 투자할 수 있는 최초의 인덱스 펀드인 '뱅가드$^{Vanguard}$ S&P500 인덱스 펀드'를 출시한 사람은 뱅가드 창업자인 잭 보글$^{John\ C.\ Bogle}$이었습니다. 보글은 효율적 시장 가설 대신 '비용 문제 가설$^{CMH,\ Cost\ Matters\ Hypothesis}$'을 선호했습니다.

인덱스 펀드는 효율적 시장 가설을 기반으로 하지 않습니다. 이 인덱스 펀드는 비용 문제의 단순 산식을 가설의 기반으로 삼고 있습니다. 시장에서는 많은 영역에서 투자 손실의 패자가 있게 됩니다. 그리고 모든 승자는 해당 시장에서 수수료를 뺀 수익을 얻게 됩니다. 인덱스 펀드는 투자자들이 적극적으로 관리하는 펀드에 지불하는 비용보다 더 낮은 수수료를 지불함으로써 더 많은 수익을 유지할 수 있기 때문에 성공 투자를 이룰 수 있다는 내용이 핵심입니다.

투자 리서치 회사 모닝스타$^{Morningstar}$는 뮤추얼 펀드의 성과 측면에서 미래의 성공 또는 실패를 예측하는 모든 변수를 조사하는 연구를 수행했습니다. 예측력이 더 높았던 변수는 포트폴리오 관리자가 주식을 선택하는 지능도 아니었고, 미래를 예측하는 능력도 아니었으며, 그들이 다녔던 대학과도 전혀 관련이 없었습니다. 가장 예측력이 높았던 변수는 비용이었습니다. 모닝스타는 모든 자산군을 조사한 결과 가장 저렴한 20%의 펀드가 가장 비싼 20%의 펀드보다 성공할 확률이 3배 높다는 사실을 발견했습니다.

투자에 있어 가장 큰 미덕은 싸게 사는 일입니다. 가장 비용이 적게 드는 펀드를 선택하는 투자 결정을 내렸다면 모든 투자자의 70~80%가 더 나은 성과를 거둘 수 있다는 말입니다. 다른 모든 조건이 같다면 회사 연금이나 투자를 위한 펀드를 선택하는 경우 비용이 가장 낮은 펀드를 선택하는 것이 가장 좋은 출발점이 됩니다. 그리고 목표일자 펀드를 선택한다면 인덱스 펀드를 보유한 펀드를 찾으면 됩니다. 저축의 관점에서는 저비용 펀드를 보유한다고 해서 더 높은 수익을 얻을 수 있다는 보장은 없지만, 순이익을 기준으로 본다면 대부분의 다른 펀드보다 더 많은 돈을 가져갈 수 있습니다.

복리 이자는 부를 늘리는 방법으로 장기적 순풍을 제공할 수 있지만, 조심하지 않으면 펀드 수수료가 이러한 이점을 조용히 상쇄해 버릴 수 있습니다. 따라서 목표일자 펀드를 사용하든 로보어드바이저를 사용하든, 투자가 소극적으로 관리되고 비용이 적게 드는지를 확인해야 합니다. 일반적으로 연간 관리 수수료가 0.30% 미만인 펀드만 고려해야 합니다. 그래서 가장 저렴한 투자처는 상장지수펀드 *ETF, Exchange Traded Fund*일 수 있습니다.

그러나 모든 상장지수펀드가 수동적으로 관리되는 것은 아닙니다. 투자에 나서기 전에 펀드에 대한 공부가 필요합니다. 이렇게 포트폴리오를 구축하고 연금이나 투자 계정에 자동으로 월별 투자금을 설정한 후에는 다음의 일을 권장합니다. "아무 일도 하지 않는 일"입니다. 이후로는 관여하는 일을 적게 할수록, 투자에 대해 적게 생각하고 계정 잔액을 더 낮은 빈도로 확인할수록, 더 나은 수익을 올릴 수 있습니다. 유명한 투자자 벤자민 그레이엄*Benjamin Graham*은 언젠가 이렇게 말했습니다.

"투자자의 가장 큰 문제는, 자신의 가장 큰 적을 곁에 뒀다는 것인데, 그것은 바로 자기 자신 안에 있다."

# 단순 투자 전략이
# 이기는 이유

목표일자 펀드의 등장이 개인 투자자에게 준 가장 큰 혜택은 '투자자가 단일 펀드를 활용하여 간단하고 비용 효율적인 방식으로 투자를 분산할 수 있다'는 사실입니다. 그러나 투자를 분산할 수 있는 또 다른 간단한 방법이 있습니다. 머피의 법칙*Murphy's law*은 '잘못될 수 있는 일은 결국에도 잘못될 수 있다'고 알려줍니다. 투자자들은 주식을 매수한 시점을 뒤돌아보며 종종 머피의 법칙을 생각합니다. 그리고 폭락 직전에 돈을 투자하는 건 아닌지 걱정이 항상 따릅니다. 그러나 장기 투자가 갖는 장점은 매수 시점이 시장의 다양한 환경에 분산된다는 사실입니다.

　일반 투자자 대다수는 돈 많은 부모나 대단한 상속 재산이 없는 한 큰 돈으로 첫 투자를 하지는 못합니다. 대신 정기적으로 급여에서 일부를 투자하거나, 은행 저축 계좌에서 정해진 일정에 따라 투자금을 납입하면서 천천히 그러나 확실하게 부를 쌓아가게 됩니다. 이를 '파운드 비용 평균화*Pound-cost Averaging*'라고 합니다. 시간이 지남에 따라 이 파운드 비용 평균화는 다각화를 거치게 됩니다. 때로는 시장이 비명을 지르면 매수하고, 때로는 시장이 무너지면 매수하고, 때로는 시장이 그 사이 어딘가에 있을 때 매수하기 때문에 자동으로 다각화됩니다.

이렇게 꾸준히 투자한다면 시장이 하락할 때는 같은 금액으로 주식을 더 많이 사는 경우도 있고, 시장이 상승할 때는 같은 금액으로 주식을 더 적게 사는 경우도 있습니다. 파운드 비용 평균화의 가장 중요한 핵심은 무슨 일이 있어도 계속 매수한다는 점입니다. 언제나 시장의 투자 적기를 찾아 성공할 수는 없기 때문에 투자 적기를 너무 고르다 보면 결국 투자 적기를 찾지 못하고 차선책을 찾는 결과로 이어지기 쉽습니다. 시장이 하락했을 때만 매수하는 전략을 수립하려고 하는 경우도 마찬가지입니다. 이 경우도 결과적으로 세계에서 가장 오래된 투자 조언인 '싸게 사서 비싸게 파는 일'을 거스르는 때가 많습니다.

금융 저술가인 닉 매길리Nick Maggiulli는 두 가지 구매 전략을 비교하는 실전 연구를 수행했습니다. 하나는 단순 투자 전략이고 다른 하나는 신의 경지를 찾아 투자하는 전략입니다. 첫 번째 전략은 40년 동안 매달 미국 주식 시장에 100파운드를 인플레이션에 따라 조정해가며 투자하는 일이었습니다. 이 방식은 단순 투자 전략이라고 부를만 합니다. 신의 경지 전략은 완전히 비현실적이었지만, 시장에서 누 개의 고점 사이에 존재하는 절대 최저짐에서 100파운드를 투자하는 전략이었습니다. 따라서 이것은 단순한 저점 매수 전략이 아니라 계속되는 사이클에서 바닥을 찾아 매수하는 방법입니다.

그렇다면 승자는 어떤 투자전략이었을까요? 놀랍게도 단순 투자 전략이 신의 경지 전략에 비해 70% 이상의 승률을 보여주었습니다. 1920년대 전체를 대입해도 내내 그런 결과가 나왔습니다. 그러나 이 신의 경지 전략은 시장에서 정확한 바닥을 놓치면 해당 전략의 승률이 30%에서 3%로 떨어지게 됩니다. 게다가 모든 약세장 바닥이나 그 근처에서 대기하면서 매수할 수 있을 만큼 신경을 쓸 수 있는 사람은 없습니다.

이 사례는 토끼가 우사인볼트*Usain Bolt*처럼 빠른데도 느릿느릿한 거북이에게 패배하는 결과를 보여줍니다. 매길리는 "신이라 할지라도 파운드 비용 평균화 전략을 이길 수는 없다."라고 결론지었습니다. 단순 투자 전략이 신의 경지 전략을 이기는 이유는 장기적이고 정기적으로 투자하면 투자 기간을 늘릴 수 있는 시간이 더 많기 때문입니다. 때를 기다리며 시간을 허비하는 일은 돈을 버리는 일과 같습니다.

시장 바닥을 찾아 투자하려고 하는 일은 주가가 높을 때 더 많이 받을 수 있는 배당금을 받을 기회와 시장에서의 긍정적 평가를 놓치는 결과를 초래합니다. 그리고 주식 시장에서의 싸이클은 한번 불이 붙으면 하락하는 경우보다 더 자주 상승하기 때문에 매수 타이밍을 잡으려고 할수록 더 나은 타이밍을 잡기 위해 더 오랜 시간을 기다릴 수밖에 없습니다. 반대로 파운드 비용 평균화를 추구하는 단순 투자 전략은 어떤 때는 더 비싸게, 어떤 때는 더 싸게 매수하게 됩니다. 어떤 때는 주식이 저평가되었을 때, 어떤 때는 주식이 고평가되었을 때 매수하게 됩니다. 중요한 일은 계속 매수하는 일뿐입니다. 어느 한 시점을 고를 이유가 없습니다.

이렇게 본다면 주식 시장의 변동성은 적이 아니라 친구입니다. 변동성은 다양한 시장 환경에서 다양한 가격대에서 평균 가격으로 주식을 사게 해줍니다. 투자자는 단순히 저축을 한다는 생각으로 하락장을 환영해야 합니다. 앞으로는 미래가 수십 년 창창한 젊은이라면 매일 밤 자기 전에 시장이 하락하기를 기도해야 합니다. 중요한 것은 계속 매수하는 일뿐입니다. 만약 급여의 일부를 자동으로 이체하며 매달 자동으로 투자하면 이렇게 하는 일은 아주 간단한 일입니다. 이 모든 일들은 특히 주가가 하락할 때 더욱 사실이 되며, 투자를 확신할 수 있게 됩니다.

Lesson 14

# 주식은 하락이
# 운명이다

장기적으로 주식 시장은 좋은 투자처입니다. 1900년에서 2020년 사이에 미국 주식의 연평균 수익률은 6.6%였습니다. 미국을 제외한 전 세계 수익률은 4.5%였고, 영국 주식의 연평균 수익률은 5.4%였습니다. 특히, 두 차례의 세계대전, 러시아와 중국의 공산주의 혁명, 핵 대학살의 위협, 세계 테러리즘의 부상 등 세계 경제가 직면한 모든 도전을 고려했을 때 이 수치는 나쁘지 않습니다. 자본주의를 두고 무엇이라고 하든, 자본주의는 놀라울 정도로 회복력이 있다는 사실이 확인되었습니다.

그러나 그렇지 않은 상황이 있습니다. 시장의 장기 궤도는 상승했지만, 주식 투자자의 인내심의 한계에 부딪쳐 극심한 테스트를 당하는 경우가 자주 있습니다. 주식 시장의 하락은 죽음이나 세금과 함께 피할 수 없는 삶의 일부분입니다. 경기 침체가 발생하면 건강상 소화 장애나 복통이 수반될 수 있습니다. 예를 들어, 2020년 3월에 있었던 시장 대폭락을 떠올려보지요. 이때는 갑작스럽게 등장한 코로나바이러스가 전 세계를 공포로 몰아넣던 시기였습니다.

코로나바이러스 확산에 대한 두려움은 2월 마지막 주부터 시장을 하락으로 몰아넣기 시작했습니다. 3월 9일에는 또 다른 급락이 있었습니다. 이틀 후 트럼프 대통령은 유럽 여행 금지를 발표했고, 3월 12일에는 다우존스산업평균지수$^{DJIA, Dow Jones Industrial Average}$가 9.99% 폭락했습니다. 곧 경기 침체가 불가피하다는 사실이 분명해졌고, 3월 16일에는 1987년 블랙먼데이 이후 최대폭인 12.93%, 2,997포인트나 폭락했습니다. 1950년 이래로 미국 주식 시장은 세계 최고의 성과를 내고 있었습니다. 그런데 그 미국 주식조차도 절반 이상이 두 자릿수 손실을 경험했습니다.

10년 중 9년은 연중 어느 지점에서 최소 5%의 손실을 봅니다. 요컨대 시장이 주기적으로 요동치는 일은 지극히 정상입니다. 왜냐하면 현실이 항상 기대와 일치하지 않기 때문에 때때로 인간은 겁을

먹게 됩니다. 주식 시장의 투자자는 대부분의 경우에서 주가가 사상 최고치보다 낮은 상태이므로 손실에 익숙해져야 합니다. 1928년 이후 S&P500은 모든 거래 세션의 약 5%에서 새로운 사상 최고치를 경신했습니다. 이 숫자를 반대로 해석하면 투자자는 95%의 거래에서 하락 상태에 있다는 사실을 의미합니다.

단기적으로는 시장에 참여할 때 매도 이유가 매우 중요하게 느껴지고 경기 침체는 끝나지 않을 상황처럼 느껴집니다. 반대로 장기적으로는 투자자들이 주식이 과거에 하락했던 구체적인 이유를 잊어버리는 경향이 있으며, 모든 조정은 매수 기회로 보입니다. 투자 계정에 정기적으로 납입하는 방식의 또 다른 이점은 경기 침체 중에 얻을 수 있는 심리적 효과입니다. 특히 이 심리적 효과는 아직 안정된 포트폴리오 없이 은퇴 후의 노년을 위한 투자를 막 시작하는 사람들에게 해당됩니다.

저축한 돈이 많지 않은 투자자는 실제 하락한 금액이 상대적으로 작기 때문에 앞으로 더 큰 손실을 견딜 수 있어야 합니다. 반면에 포트폴리오에 많은 돈을 가진 투자자는 상대적으로 적은 비율의 손실이라도 금액 면에서는 훨씬 더 큰 손실로 이어지는 것을 볼 수 있습니다. 예를 들어, 다음은 다양한 포트폴리오 크기 및 손실 비율에 따른 손실 금액입니다.

**투자금액별 손실률에 따른 손실금액**

| Loss | £10,000 | £50,000 | £100,000 |
|------|---------|---------|----------|
| -10% | (£1,000) | (£5,000) | (£10,000) |
| -20% | (£2,000) | (£10,000) | (£20,000) |
| -30% | (£3,000) | (£15,000) | (£30,000) |
| -40% | (£4,000) | (£20,000) | (£40,000) |
| -50% | (£5,000) | (£25,000) | (£50,000) |

| Loss | £250,000 | £500,000 | £1,000,000 |
|------|----------|----------|------------|
| -10% | (£25,000) | (£50,000) | (£100,000) |
| -20% | (£50,000) | (£100,000) | (£200,000) |
| -30% | (£75,000) | (£150,000) | (£300,000) |
| -40% | (£100,000) | (£200,000) | (£400,000) |
| -50% | (£125,000) | (£250,000) | (£500,000) |

캡탠 오비어스*Captain Obvious*는 "포트폴리오가 클수록 주어진 손실률에 따라 더 많은 돈을 잃게 됩니다."라고 하면서, "그러나 이러한 손실이 거꾸로 회복되면 포트폴리오 잔액이 클수록 더 큰 이익을 발생시키므로 양방향으로 손실과 수익이 작동합니다. 작은 포트폴리오를 큰 포트폴리오로 만들려고 했던 경우는 저축률을 높임으로써 단기 손실을 만회할 수 있습니다."

이렇게 투자하는 방식을 '손실 대체율 방식'이라고 부릅니다. 한 달에 500파운드 혹은 연간 6,000파운드를 투자한다고 가정해 보겠습니다. 다음은 이러한 투자 금액을 기반으로 한 다양한 손실 수준에 대한 손실 대체율입니다. 만약 10,000파운드를 투자해 10% 손실을 가정하면 1,000파운드 손실이 발생합니다. 하지만, 연간 6,000파운드를 추가로 불입하면 손실분 1,000파운드보다 600%가 많은 6,000파운드가 대체됩니다. 따라서 기말잔액은 15,000파운드가 됩니다.

그리고 만약 100,000파운드를 투자해 10% 손실을 가정하면 10,000파운드 손실이 발생합니다. 하지만, 연간 6,000파운드를 추가로 불입하면 손실분 10,000파운드의 60%가 대체됩니다. 따라서 기말잔액은 96,000파운드가 됩니다. 25,000파운드의 포트폴리오에서 20%의 손실률이라면 5,000파운드가 손실액입니다. 돈이 일시적으로 사라지는 일은 절대 즐거울 수 없지만, 그 해에 6,000파운드를 추

**연간 6,000파운드의 포트폴리오 손실 대체율**

| Loss | £10,000 | £50,000 | £100,000 |
|------|---------|---------|----------|
| -10% | 600% | 120% | 60% |
| -20% | 300% | 60% | 30% |
| -30% | 200% | 40% | 20% |
| -40% | 150% | 30% | 15% |
| -50% | 120% | 24% | 12% |

| Loss | £250,000 | £500,000 | £1,000,000 |
|------|----------|----------|------------|
| -10% | 24% | 12% | 6% |
| -20% | 12% | 6% | 3% |
| -30% | 8% | 4% | 2% |
| -40% | 6% | 3% | 2% |
| -50% | 5% | 2% | 1% |

가 투자하면 시장 가치 손실을 만회하고 26,000파운드의 기말 잔액을 남길 수 있게 됩니다.

캡틴 오비어스는 시장이 침체되었을 때 정기적으로 저축하고 이를 계속 투자한다고 성과가 향상되지는 않겠지만, 여전히 약간의 진전을 볼 수 있다면 시장이 침체한 상황에서도 투자 경로를 유지하는 데 도움이 된다고 말합니다. 또한, 전체 주식 시장의 손실이 절대 영구적이지 않다는 점도 지적할 가치가 있습니다. 공황 상태에서도 유일한 영구적 손실은 매도할 때 나옵니다. 결론적으로 투자금액이 적은 상태라면 손실 상태에서도 저축이 더 큰 대체 효과를 냅니다. 또한, 투자금액이 큰 상태라면 손실금은 커지지만, 상승 전환하면 회복 금액도 커지게 됩니다.

이러한 사고 방식은 무엇보다 시각적 착시를 유도하는 광학적 사고 방식에 불과합니다. 하지만, 스트레스가 많은 시장 상황에서 매도하려는 행동이 무엇보다 앞서기 때문에 이런 심리적 트릭은 하락장에서 유용할 수 있습니다. 때때로 당신은 자신을 속여가며 투자를 유지해야 합니다. 왜냐하면, 모든 종목이 폭락한 듯 보일 때는 팔고 싶은 유혹이 너무 커지기 때문입니다. 자신을 속이더라도 계속 저축하는 일은 생각보다 훨씬 유용할 수 있습니다. 아는 지식만으로는 행동을 바꿀 수 없기 때문입니다.

# Lesson 15

## 투자 지식보다 투자 행동

시장정보가 쓸모 없어 보일 때, 다음의 예를 고려해 보세요.

- 1960년대에는 영국 성인의 1~2%만이 비만이었습니다.
- 2019년까지 그 수치는 28%가 됐습니다.
- 추가로 36%는 과체중이지만 비만은 아닙니다.
- 비만은 예방 가능한 사망의 두 번째 주요 원인입니다.

이와 관련된 통계 수치 중 가장 당황스러운 것은 1960년대에 식이요법과 운동 열풍이 처음으로 본격화했다는 사실입니다. 비만이 1~2%였던 시절이었죠. 사람들은 그 어느 때보다 다이어트에 더 많은 돈을 쓰고 있지만, 결과는 잘못된 방향으로 가고 있습니다. 물론 다이어트 제품에 얼마나 지출하는지에 대한 공식적인 통계는 없지만, 영국의 다이어트 산업은 연간 20억 파운드로 추정된다고 합니다. 체육관 회원 및 운동 장비에 대한 지출도 증가했습니다.

우리가 다이어트 문제에 아무리 많은 돈을 들인다고 해도 상황은 더 나빠지고 있는 것으로 보입니다. 인간의 본성은 놀랍게도 자신의 어떤 이익에도 반하는 행동을 할 수 있는 강력한 성질이 있습니다. 따라서 지식만으로는 행동을 변화시키기에 충분하지 않습니다. 이러한 다이어트 통계는 투자와는 관련이 없지만 내용은 유사합니다. 대부분 사람은 유행하는 다이어트 방법을 찾는 일과 똑같은 이유로 천천히 부자가 되는 방법에 대한 사려 깊은 조언보다 빨리 부자가 되는 방법을 선호합니다.

빨리 다이어트하는 전술적 방법은 당신이 뭔가를 성취하고 있다는 느낌을 주기 때문에 다이어트를 위해 전체적인 생활 방식을 변화시키는 방법보다 더 선택하기 쉽습니다. 그러나 이 전술적 방법은 작은 승리의 힘을 간과합니다. 이를 다르게 표현하면 소액 손실의 가속화입니다. 물론 개인의 재정 관리를 다이어트나 건강 관리에 비유하는 것은 진부한 것인지도 모릅니다. 하지만, 금융 지식이 투자자에 크게 도움이 되지 않는 이유를 설명하는 데는 어떤 경우 보다 적절합니다. 개인 재정 관리와 건강 관리 솔루션은 이론적으로 매우 간단하고 유사합니다.

- 재정을 위해 : 버는 돈보다 적게 쓰고, 수입의 평균 이하로 생활하고, 지출의 우선 순위를 정하고, 일찍부터 계속 저축하고 투자하고, 과도한 수준의 부채를 짊어지지 마십시오.
- 건강을 위해 : 규칙적으로 운동하고, 음식을 탐닉하지 말고, 설탕과 탄수화물을 너무 많이 먹지 않도록 피하고, 적게 먹고, 미리 식단을 계획하십시오.

불행히도 이런 내용은 행동을 바꾸기 위해 사려깊고 구체적인 계획과 만나 짝을 이루지 않는 한 쓸모가 없습니다. 다이어트를 통해 체중을 감량한 사람들의 95%가 결국 다시 살이 찐다는 통계가 이를 잘 대변해주고 있습니다. 나쁜 습관은 고치기 어렵습니다. 식품 연구원인 브라이언 완싱크*Brian Wansink*는 "가장 좋은 다이어트는 자신이 하고 있지도 모르고 하는 다이어트이다."라고 했습니다. 이 말은 저축과 지출 예산 계획을 실천에 옮기는 일에도 적용해 볼 수 있는 홀

륭한 조언입니다.

Lesson 16

# 투자를 넷플릭스처럼
# 구독하라

만화가 랜디 글래스버겐*Randy Glasbergen*은 인생에서 내리게 되는 거의 모든 재정적 결정에 존재하는 갈등을 완벽하게 요약한 단일 프레임 만화를 작품으로 선보이고 있습니다. 재무설계사 사무실에 앉아 "은퇴해서 인생을 즐기는 일이 지금을 즐기는 일보다 중요한 이유를 다시 한번 설명해 달라."고 말하는 한 남자의 모습이 그려져 있죠. 이 문제는 철학적인 문제입니다. 이 내적 갈등은 어느 극단으로 갈 수 있습니다.

전혀 저축도 하지 않고 월급날부터 다음 월급날까지 살면서 미래의 경제적 안녕을 위해 전혀 계획하지 않는 사람들이 있습니다. 그리고 반대로 어떤 부족에 대해 검소하게 대처하고 돈을 크게 쓰지도 즐기지도 않는 사람들이 있습니다. 그러나 나머지 대다수 사람은 지금 삶을 즐기는 일과 나중에 삶을 즐길 수 있는 자원을 확보하는 일 사이에서 균형을 유지하기 위해 끊임없이 노력하고 있습니다. 우리 모두는 서로 다른 목표, 필요, 자원, 기대 그리고 욕구를 가지고 있으므로 불특정 다수를 위한 이상적인 금융 자원 균형 모델은 없습니다.

재정적 미래를 계획할 때 가장 어려운 부분은 어떤 일이 일어날지 아무도 모른다는 단순한 사실입니다. 인생이 언제 커브볼을 던질지 아무도 모르기 때문에 아무도 미래의 모든 사실을 알아내지 못합니다. 우리 두 저자도 생각이 수 년에 걸쳐 변했다고 할 수 있습니다. 우리는 둘 다 기억할 수 있는 긴 시간 동안 저축 투자자였습니다. 그래서 우리의 수입과 지출과 저축의 균형 관점에서 관심을 갖는 분야에는 돈을 쓰지만, 다른 모든 분야에는 돈을 줄여야 한다고 항상 생각해 왔습니다.

은행 계좌는 가득 차 있지만, 어떤 경험이나 즐거움이 없는 삶은 무의미합니다. 그러나 빈 은행 계좌로 살아가는 삶은 현재와 말년의 인생 모두의 즐거움을 앗아가 버릴 수 있으므로 항상 대안을 고려해야 합니다. 요즘은 거의 어디서든 시장과 투자에 대한 정보를 찾을 수 있습니다. 개인을 위한 재정 조언은 그 어느 때보다 풍부하지만, 일반적으로 돈을 절약하는 방법에 중점을 둡니다.

저축은 분명히 중요하지만, 인생 방정식의 다른 측면에 대입하면 꽝입니다. 돈을 쓰는 가치의 측면에서 그렇다는 말입니다. 아무도 지출 방법, 더 중요한 지출의 우선 순위를 결정하는 지출 계획에 대해서는 가르쳐주지 않습니다. 이 말이 사실인 이유의 하나는 실제로 예산 편성을 즐기는 사람이 없기 때문입니다. 왜냐하면 일반적으로 지출 계획이라는 말 자체가 사람들이 스스로를 나쁘게 느끼도록 만들기 때문입니다. 그러나 돈을 어디에 어떻게 지출할지 이해하는 일은 아마도 성공적인 재무 계획의 가장 중요한 측면이 될 겁니다.

일반적으로 예산 편성에는 두 가지 접근 방식이 있습니다.

1. 수동 작성 방식 : 돈이 어디로 가는지 이해하기 위해 마지막 10원까지 돈이 쓰이는 모든 항목을 추적해 보십시오.
2. 자동 장치 방식 : 당신의 생각에 따라 지출과 저축을 가능한 한

많이 자동화하고 이후에 남은 금액을 사용 계정에 두십시오.

수동 작성 방식은 재무 계획에 기술 프로그램을 사용하고 싶지 않은, 재무 생태계에서 볼 때 전면적인 점검이 필요한 사람들을 위한 방식입니다. 개인 금융 전문가 데이브 램지*Dave Ramsey*는 모든 현금을 각각의 지출 범주로 나눠 넣어 보는 일종의 봉투 기반 시스템을 권장합니다. 그 봉투에는 식료품, 의류, 오락, 휘발유 등의 라벨지가 붙을 수 있습니다. 그리고 한 봉투에서 돈이 떨어지면 해당 범주의 지출을 끝내거나 다른 범주에서 돈을 가져와야 합니다.

이 봉투 시스템은 기본적으로 삶의 각 지출 항목에서 지출 금액을 제어하고 관리하는 데 사용됩니다. 이 수동 작성 방식에 문제는 없지만, 지속적인 유지 관리의 불편 때문에 자동 장치 방식을 선호합니다. 자동 장치에 재정을 투입하려면 더 많은 선행 작업이 필요하지만, 이로운 점은 평생 내내 자동으로 제어된다는 점입니다. 그리고 재정을 자동으로 제어하고 관리하려면 선행해야 할 설정이 있습니다.

- 모든 정기적 비용에 대한 자동 청구서와 자동 지급
- 심각한 부채, 높은 이자, 연체료를 피하기 위한 자동 신용카드 지급
- ISA 계좌 혹은 연금 계좌에 대한 자동 투자 납입
- 자동 부채 상환

당신의 관리 영향권 안에서 이런 결정을 적절하게 내릴 수 있을 수록 은행 계좌의 불필요한 연체료와 당월에 계산했어야 할 이월 처리 비용을 줄이는 데 도움이 됩니다. 가장 큰 신용카드 회사는 연체료와 이자 비용만으로도 연간 약 1,000억 달러를 벌어들이고 있다는 통계가 있습니다. 자동 정산 방식으로 카드 대금을 결제하는 경우, 매월 신용카드 대금이 자동으로 지급되기 때문에 연체료나 이자와 같은 불필요한 요금을 걱정할 필요가 없습니다.

그리고 개인 금융을 다루는 진정한 고수가 되면 보상을 제공하는 신용카드로 자동 청구 비용을 대부분 지급할 수 있으므로, 대규모 금융기관에서 서비스를 사용하는 데 드는 일부 비용을 당신에게 지급하게 됩니다. 이러한 보상은 여행 포인트, 캐시백<sup>Cashback</sup>, 투자나

저축 계좌를 통한 기부의 형태로 제공될 수 있습니다. 이런 금융기관이 카드 사용자에게 보상을 제공할 수 있다는 사실은 청구금액을 제때 지급하지 않는 사용자에게서 얼마나 많은 돈을 뜯어 가는지 보여줍니다.

'우선 지급'이 책에서 가장 오래된 개인의 재정 규칙 중 하나인 이유가 바로 여기에 있습니다. '의지'는 단지 일시적으로만 힘을 발휘하는 경향이 있으므로 매월 남는 돈을 저축하는 전략을 세운다면 결국 저축할 돈은 부족하게 됩니다. 대부분 사람은 사용 가능한 금액은 끝까지 사용해서 마침내 남는 돈이 없게 됩니다. 성공하는 비결은 저축을 정해진 일정에 따라 매월 지급하는 넷플릭스$^{Netflix}$ 구독료처럼 생각하는 일입니다.

매월 ISA 계좌 혹은 연금 계좌에 얼마를 투자할지 계산하고 해당 금액에 대한 자동이체를 설정하십시오. 직장 연금의 경우 일반적으로 급여의 일정 비율을 월 저축 부금으로 선택해야 하며 급여에서 자동으로 공제되도록 합니다. 이렇게 하면 당신이 돈을 사용하고 싶은 유혹을 받기 전에 당신을 대신해 돈이 자동으로 효과적으로 투자

됩니다.관성은 행동 변화의 가장 큰 적이기 때문에 이런 자동 방식은 매우 중요합니다. 이러한 시스템을 미리 설정하지 않으면 급여 수준에 맞춰 생활이 먼저 짜여져서 설정하기가 더 어려워집니다.

장기 기증을 위한 기본 옵션이 프로그램에서 선택 사항이 아닌 자동으로 등록되는 국가는 90%의 사람이 장기 기증을 등록합니다. 장기 기증 프로그램의 기본 옵션이 개인이 직접 기입해야 하는 국가에서는 장기 기증 등록 비율이 15%에 불과합니다. 기본값은 이처럼 매우 강력합니다. 펀드운용사인 뱅가드*Vanguard*는 미국에서 운영한 직장 퇴직 계획에 대한 포괄적인 연구를 수행했습니다. 자동 등록 시스템을 제공한 회사는 직원에게 등록을 요청해야 하는 회사보다 56%나 더 높은 저축률을 보였습니다. 또한, 연간 소득이 50,000달러 미만인 35세 미만 직원의 저축률은 고용주가 퇴직 계획에 선택 등록 대신 자동 등록을 사용했을 때 2배나 높았습니다.

가능한 한 많은 금융 생태계를 자동화하면 재정에 더 적은 시간을 할애할 수 있습니다. 투자 저축과 여러 청구서가 은행 계좌에서 자동 공제된 후 남은 금액을 사용하기만 하면 됩니다. 이렇게 하면 당신은 재정 문제를 우선 조치했기 때문에 재정 문제로 인한 압박감을 느끼지 않고 돈을 사용할 수 있습니다. 이런 조처는 당신을 행복하게 만드는 일에 더 많은 돈을 쓰고 그러면서도 절약할 수 있도록 해 줍니다.

물론, 이 재정 전략에도 여전히 어떤 지출 영역이 당신에게 진정으로 중요한지에 대한 어느 정도의 숙고를 필요로 합니다. 그러나 우선 순위를 더 잘 인식하게 되면 경제 생활에서 낭비를 줄이기 위해 지출을 줄일 수 있는 부분을 식별하는 데 도움이 될 수 있습니다. 어떤 경로로든 지출 습관을 이해하면 우선 순위가 어디에 있는지 이해하는 데 도움이 되기 때문에 굉장히 득이 됩니다. 우선순위를 맞출 수 없다면 의미 있는 방식으로 장기 투자를 구축하고 경제적 자유에 더 가까이 다가가는 일은 불가능합니다.

Lesson 17

# 세금도
# 투자하라

투자에서는 비용을 최소화하는 일이 중요하다는 점을 계속 강조했습니다. 지루할 수 있는 내용이기는 하지만, 다음 사항을 한 번 더 되짚어봅니다. 투자 비용이 적을수록 더 많은 돈을 벌 수 있다는 걸 기억하십시오. 이것은 정말 간단합니다. 그러나 사람들이 간과하는 경향이 있는 투자 비용이 하나 있는데, 그것은 바로 세금입니다. 당신이 어느 국가던 그 국가에 속해 있고, 주식이든 비트코인이든 다른 자산이든 이를 매각하여 이익을 얻는 경우에 양도소득세를 납부해야 합니다.

투자자라면 소득을 신고해서 세무 당국에 신고하고 환급받을 세금은 환급받고 미납 세금은 납부해야 합니다. 좋은 소식은 당신이 당신 재정에 필요한 세무 관계를 잘 안다면 얻는 이익의 크기에 관계없이 세금을 전혀 내지 않을 수도 있다는 사실입니다. 그러나 이보다 더 나은 방법은 정통적인 방법으로 실제 세무 당국의 도움을 받아 세무 자체가 장기 투자에 실질적으로 도움이 되도록 만드는 방법입니다. 최고의 투자 전략은 일반적으로 가장 간단한 전략입니다.

따라서 가능한 한 적은 수의 계정에 저축이나 투자를 집중해 놓는 일이 중요합니다. 저축이나 투자에 관한 세금 관련 규정은 변경될 수 있으므로 최신 정보를 반드시 확인하여야 합니다. 그러나 투자를 시작했을 당시 최선의 선택은 ISA*Individual Savings Account* 계정의 종잣돈으로 투자를 하는 일입니다. 영국은 16세 이상 국민의 40% 이상이 가입하여 투자의 기본 계좌로 활용하고 있습니다. 한국에서 ISA 계좌를 사용하면 연간 2천만 원 한도까지 납입할 수 있으며, 순소득에 대해 200만 원까지는 세금이 면제됩니다.

종잣돈이 마련되면 주식에 투자해야 합니다. 주식은 역사적으로 현금보다 훨씬 높은 수익률을 제공했습니다. 투자 시점을 기준으로 젊은 투자자에게 가장 좋은 출발점은 복리가 가능한 계정이지요. 연금 투자의 경우 퇴직 연금에 추가로 저축하거나 개인 연금 계좌에 적립할 수 있습니다. 두 경우 모두 세금 감면을 받을 수 있습니다. 이 모든 경우에서 가장 좋은 방법은 특정 시장의 모든 주식 간의 위험을 분산시키는 인덱스 펀드에 투자하는 것입니다.

한국에서 미국 주식 시장에 투자하는 경우라고 하더라도 세금이 투자에 어떤 영향을 미치는지 알면 투자의 방법을 완전히 다르게 가져갈 수 있습니다. 특히, 인덱스 펀드로 투자하는 방법과 개별 종목 투자가 혼란스러울 때는 다음을 잘 판단해봐야 합니다. 우선, 앞서 살펴본 대로 인덱스 펀드는 시장 전체를 사는 방법입니다. 그렇지만 개별 종목을 사는 방법은 개별 종목의 가능성과 위험 모두에 투자하는 방법입니다. 따라서 인덱스 펀드의 연평균 수익률을 개별 종목에 적용하는 것은 불가능합니다.

만약 인덱스 펀드와 개별 종목에 투자했다고 가정해 봅니다. 인덱스 펀드는 상장지수 펀드_Exchange Traded Fund_라고 할 수 있는데, 이 펀드는 장기 연평균 수익률을 따르게 됩니다. 그러나 양도소득세는 투자한 펀드를 매도해야만 발생합니다. 한국에서는 펀드를 매도했을 경우 주식으로 간주해 양도소득세 20%와 2%의 지방세를 부과합니다. 당연히 개별 종목은 주식이므로 인덱스 펀드와 같은 세금이 부과됩니다. 물론 기본공제가 있어 250만 원을 초과하는 금액에 대해서만 세금을 부과합니다.

개별 종목은 전체 시장을 사는 방식인 인덱스 펀드와 달리 여러 가지 위험에 노출되게 됩니다. 그 반대의 경우도 생깁니다. 위험에 노출되는 경우는 회사가 위험에 처했을 때가 가장 흔한 경우입니다. 이럴 때는 종목을 매도하지 않을 수 없습니다. 반대로 주가가 단기에 많이 오른 경우도 매도해 차익을 실현해야 합니다. 따라서 장기간 투자해 인덱스 펀드보다 높은 수익을 거둔 종목이라고 할지라도 급작스런 위험에 처하면 매도하여 차익을 실현할 수밖에 없게 됩니다.

이런 경우, 개별 종목은 그동안 수익을 냈다고 하더라도 차익을 실현한 금액에 대한 세금을 내야 합니다. 여기서 세금을 낸다는 말은 그동안 거둔 수익에 대해 약 22%의 투자금이 줄어든 상태에서 다음 투자에 나서야 한다는 말과 같습니다. 반면에 인덱스 펀드는 차익을 되도록 실현하지 않고, 연평균 수익률을 거두고, 그 연평균 수익률에 따른 복리효과를 거두고, 이렇게 추가되는 수익에 대한 세금을 매도하지 않고 미룸으로써 더욱 빠르게 수익을 높일 수 있습니다.

인덱스 펀드가 가진 시장 전체를 사는 방식과 달리, 개별 종목 투자는 여러 가지 위험과 단기 차익 실현에 따른 양도소득세가 발생하게 된다는 점을 기억해야 합니다. 항상 이런 원칙을 적용할 수는 없지만, 인덱스 펀드는 개별 종목 투자와 비교해 세금에서 훨씬 유리한 환경을 제공합니다. 이것이 더 낮은 수익률과 안정성을 추구하는 인덱스 펀드 투자와 더 높은 위험과 가능성을 추구하는 종목 투자의 차이이며, 어떻게 인덱스 펀드가 경제적 자유에 더 빠르게 도달할 수 있게 해주는지를 증명합니다.

# 경제적 자유의 시기

저축과 투자를 처음 시작할 때는 부자가 되겠다는 생각에 사로잡혀 있을 수 있습니다. 그러나 나이가 들고 우선 순위가 바뀌면서 이런 사고 방식은 종종 가난하게 죽는 데에 대한 두려움으로 바뀝니다. '내가 저축한 돈은 충분할까?' '내가 일을 그만두는 동시에 시장이 무너지면 어떻게 하지?' '장기 치료가 필요해지면 어떻게 하나?' '내 돈이 계속 남아있을지 어떻게 확신할 수 있을까?'

이 모든 질문은 고려할 만한 가치가 있고 타당한 질문이지만, 이런 점만을 고려하다가는 재정 독립에 대한 불확실성을 증폭시켜 보여주게 됩니다. 특히 직장을 포기한 사람들이나 인건비 이상으로 돈을 벌지 못하는 사람들에게는 주식 시장의 폭락과 경기 침체는 두려운 일이 될 수 있습니다. 그러나 당신에게 가장 큰 위험은 시장 변동성이나 경제 문제가 아니라 자금 부족의 문제입니다.

경제적 자유를 위해 재정 관리를 해나가려면 단기적으로는 안정에 대한 필요성과 장기적으로는 성장에 대한 필요성 사이에서 균형을 맞추는 일이 중요합니다. 물가상승률이 2%라고 해도 당신이 뒷마당에 돈을 묻어두었다면 30년이 지나면 거의 반으로 값어치가 줄어듭니다. 따라서 투자자는 장기적으로 가져갈 수 있는 충분한 자금을 확보하기 위해서 약간의 위험을 감수하고 포트폴리오에 미치는 어느 정도의 변동성을 받아들여야 합니다.

행동 심리학자 다니엘 캐너면*Daniel Kahneman*이 한번은 다음과 같은 질문을 던졌습니다. "기억을 어떻게 이해하십니까? 당신은 기억을 학습하지 않습니다. 당신은 망각을 학습합니다." 이 관점은 경제적 자유의 문제에서도 얼마만큼의 돈이 필요한지를 파악하는 방식에 적용됩니다. 경제적 자유를 위해 돈이 얼마나 필요한지 어떻게 아십니까? 당신은 그 숫자를 알아내지 못합니다. 당신은 지출액을 알고 저축액을 파악할 뿐입니다.

생활비가 얼마나 드는지 알 수 없다면 저축이나 수입이 얼마가 되어야 할지 판단하는 일은 의미가 없습니다. 그리고 이런 부분들에 대한 당신의 생각은 생애주기에서 자신이 어디에 위치하는지에 대한 생각과 아주 밀접하게 관련되어 있습니다. 그래서 나이가 어릴 때는 나중에 지출할 정확한 금액을 산정해서 필요한 저축액이나 투자액을 정확히 계획하는 일은 거의 불가능합니다. 고려해야 할 변수가 너무 많고, 수 년 내로 중간에 바뀔 수 있는 변수도 너무 많기 때문입니다.

나이가 들어감에 따라 연간 지출액과 나중에 필요한 것이 무엇인지 훨씬 더 잘 알게 됩니다. 이 수치를 당신의 포트폴리오에 대입해 보면 연간 지출을 충당하는 데 필요한 금액이 얼마가 될지 훨씬 더 정확한 추정치를 얻을 수 있습니다. 그래서 지출에 대해 잘 알고 있지 않으면 미래를 위해 포트폴리오를 얼마나 크게 굴려야 하는지 알 수가 없습니다. 월별 지출액 혹은 지출률은 저축을 얼마나 해야 할지 판단할 때 꽤 좋은 지표가 됩니다. 그리고 지출 항목에 돈을 쓰는 일뿐만 아니라 돈을 쓰지 않는 일도 중요합니다. 예를 들어 볼까요? '모기지를 갚았나요?' '혹시 미결제된 부채가 있습니까?'

경제적 자유에 도달할 수 있는 높은 저축률이 받쳐주고 부채의 의무가 줄어들면 당신은 투자금을 다른 경우와 비교해 훨씬 오래 가져갈 수 있습니다. 부채를 사용하지 않고 경제적으로 독립할 수 있다면 당신의 경제적 유연성은 무척 증가합니다. 경제적 자유를 추구할 때, 이를 가장 크게 방해하는 요소는 고정 비용입니다. 나이가 들어서부터 투자하려고 한다면 당신이 알아야 할 방정식에 몇 가지 새로운 변수와 위험이 추가됩니다.

지출을 관리하는 일은 경제적 자유에 도움이 되긴 합니다. 하지만, 매년 포트폴리오에서 얼마를 사용해야 하는지, 어떤 투자 계정에서 인출해야 하는지, 어떤 투자 계정에서 인출해야 세금을 가장 효율적으로 내게 되는지 파악해야 합니다. 금융 시장은 결코 직선적으로 움직이지 않기 때문에 이러한 일련의 금융 전략은 시장 상황이나 지출이 어떻게 변화하는지에 따라 어느 정도 유연하게 대처해 줄 필요가 있습니다. 주식이 오르거나 내릴 때마다 투자 계획을 변경할 필요는 없지만, 당신이 설정한 기대치와 실제 시장에서의 성과를 통합할 필요는 있습니다. 그래서 투자 계획을 쓸모있게 가져가려면 이따금 궤도 수정이 필요합니다.

"계획은 소용 없지만, 계획은 반드시 필요하다."는 옛말도 있습니다. 일단 일부터 그만두게 되어 수입원을 관리하지 못한다면 현실성 있는 투자 계획을 실행하는 일은 거의 불가능할 수 있습니다. 인생의 후반부에 고려해야 할 온갖 종류의 위험에는 생활자금을 넘어 연명하기, 인플레이션, 비상사태, 뜻하지 않은 일회성 비용, 의료 비용, 투자 수익의 사용 순서, 일반적인 시장 변동성 등이 있습니다. 그래서 주식, 채권, 현금 그리고 기타 자산으로 분산시키는 일은 중요합니다.

이렇게 해야 삶이 당신에게 무작위로 던지는 경향이 있는 광범위한 위험을 관리하고 계획하는 데 도움이 됩니다. 이 모든 일을 지금 바라보면 압도적으로 보일 수도 있지만, 이 과정의 첫 번째 단계는 직업 활동을 그만두고 난 이후에 나머지 인생에서 무엇을 할 것인지를 알아내는 일로 귀결됩니다. 그러니까 평생 살면서 저축한 돈으로 무엇을 사고 싶은지 먼저 알아야 자신의 재정 상황이 이렇구나 하는 사실을 깨닫게 됩니다.

당신이 저축하는 이유는 결국 '자유를 돈으로 사기 위해서'입니다. 당신은 '자신의 시간을 팔아 만든 돈으로 자신의 시간을 사고' 있습니다. 그렇다면 당신은 그 시간에 무엇을 할 것인가요? 여행, 자원봉사, 독서, 가족과 더 많은 시간을 보내는 일, 관심 있는 프로젝트를 하고 싶으신가요? 사람들은 경제적 자유로 얻은 시간을 어디에 투자할지 고민하지 않고 수십 년 동안 돈만 투자하는 경우가 많습니다. 연구에 따르면, 경험을 얻는 일과 다른 사람에게 봉사하는 일은 가장 큰 행복감을 가져다주고, 직장을 떠나게 될 많은 사람을 괴롭힐 수 있는 잠재적 우울증을 예방하는 데 도움이 됩니다.

원하는 모든 계산을 바탕으로 스프레드시트를 실행해 볼 수는 있지만, 잘못된 전제가 있다면 인생에 방해가 됩니다. 줄일 수 없는 불확실성에 직면해서야 인생 계획을 세우는 부작용이 나타나는 것입니다. 그래서 인생 계획에는 그 과정에 많은 추측이 수반됩니다. 인생을 다루는 경제적 계획은 이벤트가 아니라 과정인 이유가 여기에 있습니다. 경제적 계획은 단순히 행동 방침을 정하고 그 계획을 정확히 끝까지 지켜내는 일이 아닙니다. 경제적 계획에는 항상 시정조치, 업데이트, 전략 변경 그리고 어려운 결정을 내려야 하는 일이 포함되므로 개방적이어야 합니다.

완벽한 포트폴리오가 없는 것처럼 "경제적으로 자유다."라고 말할 완벽한 시기는 없습니다. 개인적으로 계획이 잘 되어 있다면 생활비가 얼마인지, 일을 그만둔 후 수입원을 어디에 둘지, 그리고 하루를 어떻게 보낼지 그려보는 일은 좋은 출발점이 될 수 있습니다. 하지만 백만장자가 되려면 어떻게 해야 할까요? 여기에 필요한 사항이 무엇인지는 다음 레슨에서 알아봅니다.

# Lesson 19

## 백만장자가 되는 단순한 방법

벤과 로빈이 자랄 때 100만 파운드는 엄청난 돈처럼 보였습니다. 그러나 인플레이션 때문에 머지않은 미래에는 경제적 자유에 도달하는 데 필요한 정도의 금액밖에는 되지 않을 겁니다. 100만 파운드가 그 자체로는 특별한 상징성이 없지만, 소설가이자 그 후 수상이 된 문인이자 정치가인 벤자민 디즈레일리*Benjamin Disraeli*가 1827년에 처음으로 이 용어를 사용한 후로 사람들이 높이 평가해 온 '부자로 입문하는 돈'을 상징하는 금액입니다.

　백만장자가 되는 일이 과연 실현 가능할까요? 숫자로 살펴보겠습니다. 현재 영국의 ISA 한도인 연간 20,000파운드*약 3,000만 원*를 투자한다고 가정하면, 65세까지 100만 파운드에 도달하는 데 필요한 투자 수익률은 다음과 같습니다.

**65세 100만 파운드 도달 투자수익률**

| 시작 연령 | 필요 투자수익률 |
|:---:|:---:|
| 30 | 2% |
| 35 | 3% |
| 40 | 5% |
| 45 | 8% |
| 50 | 13% |

이 책을 지금까지 쭉 읽어오고 있다면 어린 나이에 저축을 시작하는 일이 얼마나 도움이 되는지 다시 설명하지 않더라도 획기적인 사실조차 아니라는 걸 아실 겁니다. 30대에 연간 20,000파운드를 저축하는 사람이 100만 파운드에 도달하는 데 필요한 수익률은 상대적으로 그리 어렵지 않은 수준입니다. 그러나 40대 후반이나 50대가 될 때까지 기다렸다가 저축을 시작하면 필요한 투자수익률이 훨씬 더 높기 때문에 7자리 숫자인 100만 파운드에 도달하는 일이 훨씬 더 어렵게 됩니다.

그러나 분명 매년 20,000파운드를 저축하는 일은 쉬운 일이 아님니다. 특히, 30대에 그렇습니다. 학자금 대출, 주택자금 대출, 자녀 그리고 다른 모든 당신의 삶의 조각이 당신에게 숙제를 던지고 있습니다. 당신도 그 단계에 이르면 은퇴를 위해 자금을 최대한 저축할 수 있는 사람이 거의 없다는 것 또한 알 수 있습니다. 그래서 최대한 저축을 시작하는 시기를 앞당겨야 하는 것입니다. 저축을 시작하자마자 바로 20,000파운드 수준의 저축을 할 수 있는 개인이나 가구는 거의 없습니다.

최대 기여 저축액에 도달할 때까지 시간이 지남에 따라 저축하는 금액을 천천히 늘려 작은 승리의 힘을 활용한다고 가정해 보겠습니다. 30세에 다음의 250파운드부터 월 불입을 시작하고 최대 금액에 도달할 때까지 매년 해당 기여 저축금을 100파운드*약 15만 원*씩 늘리는 경우 필요한 수익률은 다음과 같습니다.

30세에 시작해 65세에 종료하는 경우

| 월 저축액 | 연간 저축액 | 필요 투자수익률 |
|---|---|---|
| £250 | £3,000 | 3.3% |
| £350 | £4,200 | 3.1% |
| £450 | £5,400 | 2.9% |
| £550 | £6,600 | 2.7% |
| £650 | £7,800 | 2.5% |

다음은 40세부터 시작할 때의 저축액과 필요 수익률입니다.

40세에 시작해 65세에 종료하는 경우

| 월 저축액 | 연간 저축액 | 필요 투자수익률 |
|---|---|---|
| £350 | £4,200 | 7.4% |
| £450 | £5,400 | 6.9% |
| £550 | £6,600 | 6.5% |
| £650 | £7,800 | 6.2% |
| £750 | £9,000 | 5.9% |

이러한 사례에서 요구되는 수익률은 놀라울 정도로 낮지만, 돈이 관련된 경우 모든 일은 실제보다 종이 위에서 더 쉬워 보입니다. 저축, 투자, 개인 재정을 정리하는 것은 항상 수학보다 심리학에 가깝습니다. 일부 가족이나 개인 누군가는 정기적으로 이렇게 많은 돈을 저축할 수 없기 때문에 모든 사람이 투자를 통해 백만장자가 될 수 있다고 제안하는 것은 불가능하다고 반대합니다. 하지만, 백만장자가 되든 되지 못하든, 이 데이터로부터 얻을 수 있는 다음과 같은 몇 가지 중요한 교훈이 있습니다.

경제적 일관성도 중요하지만, 인생의 과정은 어떻게 될지 아무도 모릅니다. 상대적으로 어린 나이부터 저축만 하고 있으면 투자에 대한 통찰력이 무뎌져 금융 시장의 평균 수익보다 낮은 수익을 얻을 수 있습니다. 그러나 시간이 흘러도 꾸준히 일관성과 지속성으로 저축하는 일은 인생에는 기복이 있기 때문에 아마도 가장 어려운 일 중 하나가 될 겁니다. 당신이 로봇처럼 판에 박힌 생활을 할 수 있다면 종잣돈을 마련하는 일은 절대 어려운 일이 아닙니다. 그러나 불행하게도 당신은 로봇이 아니며, 그렇게 하는 일은 쉽지 않습니다. 인생은 커브로 가득 차 있습니다. 그렇다면 그에 맞춰 계획을 해야 하는 겁니다.

변화는 투자 계획을 방해할 수 있습니다. 위에 제시한 표에 기록된 숫자가 가치있게 작동하려면 저축을 멈추지 않고 계속해야 합니다. 작은 돈을 큰 돈으로 바꾸는 일은 인내에 관한 부분이지만, 인내는 자기규율과 일관성이라는 일종의 봉사정신 없이는 쓸모없는 일이 됩니다. '충분하다'는 의미도 사람마다 다른 의미를 갖습니다. 저축과 투자에 완벽한 숫자도 없습니다. 최종 목표는 항상 당신 자신의 환경, 생활 수준, 지출 선호도, 생활방식의 선택 그리고 자본 상황에 따라 달라집니다.

이 책에 나오는 저축과 투자에 관련된 부분은 대부분 어릴 때부터 저축 습관을 갖는 일의 장점을 언급하고 있지만, 저축과 투자를 늦게 시작했다고 해서 모두 일을 그르쳤다는 말을 하는 것은 절대 아닙니다. 다음 레슨에서는 40대 또는 50대가 된 사람들이 이 시기부터 투자를 시작한다면 무엇을 해야 하는지 살펴보겠습니다.

# Lesson 20

## 늦은 투자에도
## 이기는 방법

노년층의 많은 사람이 저축과 투자가 부족한 데는 여러 가지 이유가 있을 수 있습니다. 어떤 사람들은 노년을 위해 따로 마련할 만큼 충분한 돈을 벌지 못합니다. 또, 어떤 사람들은 경력에 운이 없거나, 형편없는 경제적 구조를 갖고 있거나, 개인적으로 자금 관리 습관이 좋지 않거나, 자금 관리 방법을 모를 수도 있습니다. 벤과 로빈은 둘 다 자녀가 있으며, 많은 부모가 지출 우선순위와 관련하여 자녀를 가장 우선순위에 두는 이유를 이해하고 있습니다.

이유야 어찌됐든, 어릴 때부터 저축을 시작했으면 좋았을 텐데, 하지 못한 사람들이 많습니다. 40대, 50대에 들어 저축과 투자를 시작하는 일이 이상적이지는 않지만, 그렇다고 특별히 불리할 이유도 없습니다. 늦게 시작했다면 투자를 하기 위해 사전에 조치해야 할 단계가 남았다는 것 뿐입니다. 불편할 수 있지만 감내해야 할 일이 조금 있고 더욱 시간 낭비를 줄여야 한다는 사실이지요. 저축을 시작하기에 가장 좋은 시기는 10년 전이지만, 두 번째로 좋은 시기는 바로 '오늘'입니다. 지금 현재 이 책을 읽고 있다면 낙심할 일은 아닙니다.

많은 사람이 같은 상황에 처해 너무 늦었다고 포기하지만, 그럴 상황은 절대 아닙니다. 나이가 든 저축자라고 하더라도 몇 가지 잠재적인 이점이 있습니다. 우선 이 나이라고 한다면 아마도 당신은 거의 인생에서 최고 소득을 올릴 나이에 있다고 볼 수 있습니다. 바라건대 아이들은 이미 독립했고 당신에게 손을 벌리지 않을 수 있습니다. 자녀를 다 키워 놓은 가정은 자녀의 학비나 학업 보조비에 들던 지출액을 이제 저축에 활용할 수 있습니다. 주택 담보 대출을 대부분 갚은 시점에 도달한 경우에도 마찬가지입니다. 이미 여러 해 동안 해당 부채를 상환하고 나아가 상환을 마친 상태라면 즉시 상환액을 저축액으로 전환할 수 있습니다.

당신은 고수익을 안겨줄지도 모르는 달을 향해서 총을 쏘고 이를 따라잡을 생각으로 엄청난 위험을 감수하면서 투자하고 싶은 충동을 받을 수도 있습니다. 하지만, 은퇴하기 전에 투자 잔액을 만들어 두기 위해서는 아마 10~20년쯤 되는 기간에 가정의 경제적 운용에 무언가 큰 변화를 주는 일이 중요합니다. 그것은 가정의 경제적 운용에서 돈을 절약하는 방법이 돈을 투자해서 따라잡는 방법보다 현실적으로 훨씬 중요하다는 사실입니다.

칼슨*Carlson* 부부입니다. 칼*Carl*과 칼라 칼슨*Carla Carlson*은 둘 다 50세이고, 아이들은 독립했지만, 투자와 저축은 거의 없다고 가정합니다. 그러나 아이들이 이미 독립해서 칼슨 부부는 저축에 조금 더 큰 금액을 불입할 수 있습니다. 칼은 그동안 하지 못했던 저축과 투자의 부족분을 보충하기 위해 더 높은 위험을 감수하기를 원하고, 칼라는 저축률을 높이는 방식을 선호합니다.

칼슨 부부는 현재 연간 가계 합산소득이 100,000파운드약 *1억5천만원*이고 매년 2%의 물가 인상률에 따른 소득 증가가 있습니다. 칼라는 자신들의 투자가 연간 6%의 복리로 증가하고 소득의 20%를 저축하기를 원하지만, 칼은 주식에 투자하고 조금 덜 저축한다고 해도

20%를 저축하는 것보다 훨씬 더 수익을 낼 수 있다고 생각합니다. 칼라는 칼이 주식 투자 능력을 지나치게 낙관하고 있다고 생각하며, 공격적 투자보다 저축하는 편이 위험이 더 적고 더 높은 수익을 낼 수 있다고 생각합니다.

이 부부는 65세 또는 70세에 은퇴하기를 원하지만, 그렇게 짧은 시간에 얼마나 많이 저축하고 투자할 수 있을지는 확신할 수 없는 상황입니다. 이들의 현재 계획을 보여주는 예시를 살펴보겠습니다. 칼과 칼라는 생각이 완전히 다른데, 칼라는 더 많이 저축하는 것을 선호하는 경우이고, 칼은 주식 투자를 선택함으로써 저축으로 수익을 내는 방법은 완전히 배제하는 상황입니다.

10만 파운드 수입, 연간 2% 물가 인상률 적용

| 저축률 | 수익률 | 10년 후 | 15년 후 | 20년 후 |
|--------|--------|---------|---------|---------|
| 10% | 6% | £143,977 | £264,029 | £432,112 |
| 20% | 6% | £287,954 | £528,058 | £864,225 |
| 10% | 12% | £192,013 | £418,634 | £826,370 |

칼이 거래하는 계좌가 칼슨 부부가 목표로 하는 6%의 수익보다 두배의 수익을 선물했다고 하더라도, 칼라의 의견대로 6%의 수익률로 저축을 두 배 늘렸다면 높은 저축률로 인해 최종적으로는 더 나은 결과로 이어지게 됩니다. 칼슨 부부가 저축률을 10%에서 20%로 두 배 늘리면 20년 동안 투자 수익이 '10%를 저축하고 수익률이 12%로 두 배 증가하는 것보다 더 나은 결과'를 얻을 수 있습니다. 그리고 칼이 또 다른 워런 버핏Warren Buffett이 아닐 가능성이 크므로 저축률을 높이는 것이 투자 수익을 높이는 것보다 훨씬 안전했겠지요.

포트폴리오에서 더 높은 위험을 감수한다고 해서 시장이 알아주거나 무언가를 보상해주지는 않습니다. 시장은 당신이 필요하다고 해서 높은 수익을 가져다주지도 않습니다. 저축률은 금융 시장이 쏟아내는 수익률을 아무도 통제하지 못할 때 당신이 통제할 수 있는 유일한 금융 수단입니다. 가장 현실적인 가능성은 칼이 일부 금액으로 주식 투자를 하다가 더 큰 위험을 감수하는 쪽으로 기울어 저축 실적마저 망가뜨리게 될 수 있습니다. 왜냐하면, 아마추어는 고사하고 주식운용을 직업으로 하는 전문가의 실적 자체가 가정과 달리 너무 빈약하기 때문입니다.

나이가 어릴 때부터 저축을 시작하는 일은 견실한 저축 습관을 들이는 데 도움이 되고, 시간이 지남에 따라 복리 이자가 돈을 눈덩 이처럼 불려주기 때문에 중요합니다. 그러나 저축은 복리가 제 역할 을 할 시간이 부족하기 때문에 은퇴 저축에서 뒤처진 사람들에게 훨 씬 더 중요한 수단이 될 수 있습니다. 그렇다고 당신이 은퇴할 때 투자 자로서의 생명마저 종지부를 찍는다는 의미는 아닙니다.

통계에 따르면 2023년에 은퇴한 부부 중 한 명이 90세까지 살 확 률은 50% 이상입니다. 따라서 은퇴 후에도 돈을 관리해야 하는 기 간이 20년에서 30년이 더 있을 수 있습니다. 은퇴 기간에는 대부분 일을 하지 않으므로 소득 활동과 저축 활동을 하는 당신의 시간은 이 기간에 정지될 수 있습니다. 물론 칼과 칼라가 계획한 포트폴리 오의 수명을 연장할 수 있는 또 다른 해결책도 있습니다. 그 해결책 은 은퇴를 연기하는 것입니다.

투자 전문가인 차알스 엘리스$_{Charles\ Ellis}$는 은퇴 시기를 62세에서 70세로 늦추면 은퇴까지 해야 하는 저축률을 50% 이상 줄일 수 있 다는 사실을 발견했습니다. 70세에 풀타임으로 일하는 것이 마음에

들지 않는다면, 시간제 고용 형태로 타협할 수도 있을 겁니다. 대부분 사람은 60대 중반 이후에는 일하지 않기를 선호하지만, 의욕과 능력이 있는 사람은 은퇴 후라고 하더라도 성공 확률을 크게 높일 수 있습니다.

이처럼 은퇴 연령을 넘어 일하는 것은 더 많은 돈을 절약할 수 있을 뿐만 아니라, 돈을 더 오랫동안 복리로 불릴 수 있다는 사실을 의미합니다. 더 오래 일하는 것은 다른 이점도 갖고 있습니다. 2020년에 발표된 미국 연구에 따르면, 은퇴 연령 이후에 일하는 사람들은 그렇지 않은 사람들보다 '더 건강하고 덜 고립되어 있으며 행복하다'고 진단합니다.

또한, 연구자들은 '일은 학습, 추론, 사회적 참여의 기회를 제공하며, 이 모든 부분들이 노화가 뇌에 미칠 수 있는 역효과를 예방하는 데 도움이 된다'고 결론을 내리고 있습니다. 연구자들은 3,000명 이상의 영국 공무원에 대해서 경력기간, 은퇴 전, 은퇴 후를 망라하는 약 30년 동안의 기억에 대한 장기 연구를 수행했습니다. 연구 결과는 '나이가 들어감에 따라 자연스럽게 감소하는 언어 기억력은 은퇴 후에는 38% 더 빨리 악화된다'고 합니다.

　연구 결과를 다시 요약하면, 은퇴 후 생활비를 마련하기 위해 동분서주 해야 하는 일은 달갑지 않은 일이지만, 그렇게 비관적으로만 볼 일은 아니라는 사실입니다. 은퇴 후에도 아직 선택의 옵션이 있다는 뜻입니다. 그저 넋두리만 하고 있을 필요는 없습니다. 노년에 돈이 모자라는 일은 누구에게나 재미없는 일입니다. 바로 다음에 이어지는 내용은 경제적 조언에 관한 부분입니다. 전문가의 도움 없이 금융관리를 할 수 있을까요, 아니면 비용을 지불하는 편이 더 나을까요?

Lesson 21

# 전문가의 도움이
# 필요할까

이 책은 경제서이자 자기계발서입니다. 그래서 우리는 누구나 스스로 할 수 있도록 내용을 간단하고 간결하게 전달하고 유지하고 싶었습니다. 물론 당신이 하려고만 하면 더 많은 읽을거리가 있겠지만, 우리는 당신이 투자와 가계 경제에서 자유를 얻을 수 있는 단계별 설명을 거의 모두 다 풀어놓았습니다. 당신이 궁금해할 수 있는 일은 이제 가계 경제에 자문을 해줄 전문가를 쓰는 일이 필요한지 여부인데, 우리는 이에 대한 실마리를 보여줬습니다. 이에 관한 많은 사람의 간단한 대답은 '아니오'입니다. 젊은 투자자라면 우선 순위는 단순히 시작하는 일입니다.

또, 좋은 습관으로 지출을 통제하여 매달 가능한 한 저비용 인덱스 펀드에 투자해야 합니다. 이런 일에는 조언해줄 전문가가 필요 없습니다. 선택할 수 있는 여러 온라인 투자 제공업체가 있고 이런 곳들을 통해 당신의 저축 투자를 자동화할 수 있습니다. 다만 옵션을 주의깊게 살펴보세요. 투명하고 저렴하며 주로 수동적으로 자금을 관리하는 솔루션을 찾아보세요. 점점 더 새로워지는 '챗봇 조언 시스템' 업체는 일반적으로 화상 회의를 통해 실제 금융 전문가에게 접근할 수 있는 기회를 제공해 줍니다. 중요한 결정을 내릴 때 동료와 이야기하는 것을 선호하는 사람들에게 이 접근 방식은 탁월한 선택입니다.

그러나 우리가 말하고자 하는 점은 대부분 사람이 경제 전문가, 즉 자신을 이해하고 가계의 경제 상황을 자세히 알고, 필요할 때 언제든지 의지할 수 있는 전문가가 있으면 도움이 되는 시점이 온다는 사실입니다. 뱅가드*Vanguard*의 연구에 따르면, 훌륭한 조언을 받으면 매년 순 투자 수익에 약 3%를 추가할 수 있습니다. 당신의 생애주기 동안 이런 일이 벌어지면 투자 수익은 상당한 금액이 될 겁니다.

전문가들은 컨설팅 수수료를 받지 않나요? 사람들의 생각처럼 도움이 되는 내용은 금융 시장이나 세계 경제에 대한 특별한 전망이나 통찰력에서 나오는 부분이 아닙니다. 아마도 이 전문가의 조언은 시장이 단기에서 중기로 어디로 향하고 있는지 당신보다 더 잘 모른다고 보면 틀리지 않습니다. 많은 전문가가 당신의 생각처럼 이것저것 나열해 보이는 것을 좋아하지만, 특정 시점에 투자하기 가장 좋은 주식, 펀드, 국가 또는 자산군이 무엇인지 알지도 못합니다. 그 근거는 아무도 시장을 일관성 있게 예측할 수 없다는 사실이 잘 말해줍니다.

점쟁이에게 연간 수천 파운드를 지불하고 싶지는 않으시겠죠? 아마존에서 10파운드<sup>약 15,000원</sup> 정도면 미래를 보여준다는 수정구슬을 구입할 수도 있습니다. 아니시겠죠? 전문가는 적절한 자산 할당 비율을 제시하고 중복 비용을 줄이는, 무엇보다도 실무적인 계산에서 가치를 더해 줄 수 있습니다. 지금까지 설명했듯이, 젊은 투자자들이 투자를 시작할 때 시장이 하락한다면 가장 좋은 투자 적기일 수 있습니다. 제시한 방식대로 더 낮은 가격에 주식을 사들일 수 있기 때문입니다.

그러나 포트폴리오가 커지면 격동하는 시장에서 긴장된 감각을 감당하는 일은 점점 더 어려워질 수 있습니다. 이때 전문가는 균형 감각을 유지하는 데 도움을 줄 수 있습니다. 고객이 조정 중인 주식에서 빠져나가지 않도록 하거나 시장에 올인하지 않도록 설득함으로써, 고객이 조정 중인 주식을 던져버리거나 시장이 가차 없이 상승하고 있을 때 올인하지 않도록 설득하는 일을 해줍니다. 이렇게 전문가는 받는 수수료의 몇 배가 되는 이익을 챙겨줄 수 있습니다.

컨설팅을 해줄 전문가를 고용해서 비용을 지불하고 싶지 않다면, 우리는 당신이 확실히 자문 역할을 해줄 누군가와 자주 대화를 하도록 권장합니다. 친구나 가족일 수도 있지만 믿을 수 있는 사람이어야 합니다. 당신이 할 일은 자문 역할을 하는 지인에게 조언을 해달라고 요청하는 일이 아니라, 단순히 당신이 내릴 중요한 경제적 결정에 대한 근거를 여러 방향에서 들어보기 위함입니다.

이때 단순히 당신의 생각을 재확인하는 역할이 아니라 당신에게 따져 묻기도 하고 당신이 간과했을 수 있는 부분을 지적해 줄 만한 사람을 선택하십시오. 기억해야 할 또 다른 중요한 점은 투자 결과를 개선하는 데 도움이 되는 일은 전문가가 제공하는 서비스의 하나에 불과하다는 사실입니다. 좋은 투자 회사는 당신의 가계와 관련된 모든 일을 도와줄 수 있거나, 최소한 당신을 도와 줄 수 있는 사람을 식별할 수 있도록 안내할 수 있습니다.

이런 부분은 적절한 모기지 또는 적절한 수준의 보험을 선택하는 일일 수도 있습니다. 세금 계획이나 부를 다음 세대에 물려줄 때의 문제일 수도 있습니다. 하지만 우리들 견해로는 어느 단계에서는 확실히 비용을 지불할 가치가 있는 일이 있는데, 이 부분은 바로 전체적인 재정 계획 또는 재정 생활 계획이라고 불릴만한 부분입니다. 어떤 전문가는 전적으로 돈에 초점을 맞춥니다. 그러나 돈은 목적을 위한 수단일 뿐입니다. 이것은 철학적으로 들을 필요도 없이, 목적은 만족스럽고 성취감 있는 삶을 사는 일입니다.

전체적인 관점을 보는 전문가는 돈을 의미와 연결하여 목표와 가치를 반영하는 방식으로 사용하도록 도울 수 있습니다. 이상하게 들릴지 모르지만, 많은 사람이 자신이 진정 원하는 것이 무엇인지 진지하게 생각하지 않습니다. 사람들은 자신의 목표와 가치가 실제로 무엇인지 알려고 하지도 않고 살아가고 있습니다. 많은 경우에 자신에게 정말로 중요한 일과 돈이 삶에서 차지하는 역할에 관해 어린 시절부터 스스로 제한적인 믿음을 가지고 있다고 주장합니다.

이러한 신념에 도전해 줄 수 있는 재무 전문가의 역할은 아주 가치 있는 일이지요. 우리는 이 책을 읽는 대부분 사람이 경제적 자유라는 목표에 관심을 갖고 있다고 생각합니다. 그러나 경제적 자유는 사람마다 의미가 다릅니다. 그래서 당신은 그 자유를 통해 무엇을 하고 싶은지 결정해야만 인생의 마지막에 후회가 없습니다. 다시 말하지만, 당신이 이 문제를 해결하는 데 도움을 주고, 한 페이지짜리 계획을 작성하고, 앞으로 몇 년 동안 계속 그 방향을 고수하고 있는지 주기적으로 확인하는 데 도움을 줄 수 있는 믿을 수 있는 친구나 친척이 있을 수 있습니다.

그러나 언젠가는 전체적인 관점에서 지속적으로 재무 전문가를 고용하는 일을 고려하길 권장합니다. 이런 전문가를 찾기 위해 마지막으로 조언할 말은 이것입니다. 올바른 방향으로 이끌어주는 전문가는 비용을 지불할 가치가 있습니다. 그러나 그렇지 못한 조언자는 득보다 실이 많을 수 있습니다. 신중하게 따져 보고 몇 가지 가치 있는 평가 항목을 만들어 보세요. 다음은 몇 가지 예입니다.

- 증거 기반으로 투자하는 철학을 갖고 있는가?
- 행동을 취할 때를 아는 일의 가치를 이해하고 있는가?
- 내가 원하는 생활 방식을 감당할 수 있는지 직접 확인할 수 있도록 현금 흐름 모델링을 제공하는가?
- 적절하고 총체적인 계획을 제공하는가, 혹은 투자에 대한 조언만 제공하는가?

그리고 당신이 예상하는 대로 또 다른 중요한 고려 사항은 비용입니다. 조언을 제공하는 대부분 전문가는 고객에게 투자 가능한 자산의 일정 비율을 수수료로 청구합니다. 이는 포트폴리오 규모가 비교적 작은 사람들에게는 유리할 수 있지만, 자산이 늘어남에 따라 매우 많은 비용이 청구될 수 있습니다. 따라서 고정 요금 모델을 사용하거나 시간당 요금을 부과하는 기업을 고려해 볼 가치가 있습니다.

궁극적으로 좋은 조언을 할 전문가를 선택하는 일은 모두 신뢰를 바탕으로 하는 일입니다. 이 사람을 정말 믿을 수 있는지 자문해 보십시오. 선택한 투자 회사와 담당 전문가가 진정으로 나의 최선의 이익을 염두에 두고 있다고 확신할 수 있습니까? 물론 신뢰는 매우 개인적이고 주관적인 문제입니다만, 오로지 당신만이 그 결정을 할 수 있습니다. 하지만, 올바른 선택을 한다면 그 결정은 당신이 내릴 수 있는 최고의 결정 중 하나가 될 것입니다.

# 경제적 자유로 가는 20가지 규칙

가족과 함께 여름 여행을 떠날 준비를 하는 자신의 모습을 상상해 보십시오. 당신이 머물 호텔, 보게 될 이곳 저곳을 포함해서 코스를 따라 움직이는 일정에 대한 이런저런 계획을 해보겠지요. 그리고 여행하면서 식사할 다양한 레스토랑을 구글Google에서 체크해 예약하겠지요. 드디어 출발할 날이 다가옵니다. 여행에 대한 기대는 종종 휴가 자체보다 더 흥미진진하기 때문에 온 가족이 흥분해서 떠날 채비를 합니다.

누군가 아빠가 기름을 채우는 일을 까먹었다는 사실을 깨닫거나, 아무도 여행 가방을 챙기지 않았다는 사실을 깨닫거나, 누군가가 과자를 들고 나오는 일을 잊었다는 사실을 깨닫거나, 뒷좌석에 아이들을 행복하게 해줄 아이패드가 한 대도 없다는 사실을 깨닫기 전까지는, 가족이 모두 들떠 빨리 가자고 재촉하며 차에 먼저 몰려들지요.

이 비유에서 금융은 사람에 해당하죠. 가계 경제 계획의 중요성을 먼저 깨닫지 못한 채 여행이라는 세계 최고의 투자 전략을 구상하기 위해 몰려든다는 말입니다. 그렇습니다. 시간과 더불어 부를 더 복리 이자로 쌓고 싶다면 투자가 중요하지만, 먼저 돈을 절약하고 경제적 안정을 취할 수 없다면 가장 중요한 게 전혀 중요해지지 않습니다.

건전한 경제적 기반을 마련하기 위한 20가지 기본 규칙은 다음과 같습니다.

## 1. 전염병과 같은 신용 카드 빚을 피하십시오.

개인 재정의 첫 번째 규칙은 신용 카드 잔액 청산 문제를 부담으로 갖지 않는 일입니다. 신용 카드 대출 이자율은 엄청나게 높으며, 이런 이자율 지불은 순자산에 부정적인 영향을 미치기 때문입니다.

모든 부채가 다 나쁘지는 않지만 신용 카드 부채는 단연 최악의 부채입니다. 신용 카드 빚이 있다면 당신은 시장에 돈을 투자할 준비가 되어 있지 않습니다.


## 2. 신용을 쌓는 일은 중요합니다.

일생 동안 가장 큰 비용은 모기지, 자동차 대출 그리고 학자금 대출에 대한 이자 비용이 되겠지요. 착실하게 신용 점수를 쌓으면 대출 비용을 낮춤으로써 수만 파운드 또는 수십만 파운드를 절약할 수 있습니다. 매월 청구액을 항상 지불하고 신용카드를 착실하게 사용하여 신용 이력을 만드십시오. 매달 자동으로 지불되는 카드에 자동이체 청구서를 처리하는 일부터 시작해 볼 수 있습니다.


## 3. 소득은 저축과 다릅니다.

돈을 많이 버는 일과 부자가 되는 일 사이에는 엄청난 차이가 있습니다. 왜냐하면 얼마나 버는가보다 순자산이 더 중요하기 때문입니다. 많은 사람이 이 단순한 사실을 깨닫지 못하고 있다는 것은 놀랍습니다. 소득이 높다고 자동으로 부자가 되지는 않습니다. 또한, 소득이 낮다고 해서 자동으로 가난해지지도 않지요. 중요한 것은 얼마를 지출하느냐가 아니라, 수입에서 얼마를 저축하느냐입니다. 누구나 부자가 되기 위해 돈을 쓸 수는 있지만, 진정한 부는 저축의 형태로 소비를 줄이는 데서 나옵니다.

## 4. 투자보다 저축이 더 중요합니다.

자신에게 먼저 지불하라는 말은 아주 간단한 조언이지만, 그렇게 하는 사람은 드물지요. 당신이 내릴 수 있는 최선의 투자 결정은 높은 저축률을 설정하는 일입니다. 왜냐하면 그렇게 한다면 인생은 당신에게 큰 안전지대를 제공하기 때문입니다. 금리 수준, 주식 시장 실적, 경기 침체, 약세장 시기를 우리가 통제할 수는 없지만, 저축률은 통제할 수 있습니다.

## 5. 생계 수단의 범위 내에서 생활하려고 하지 말고 저축을 별도로 하고 생활하십시오.

재정적으로 앞서가는 유일한 방법은 자신의 수입에 조금 뒤처져 생활하는 일입니다. 당신의 생계 수단이 만들어주는 돈의 범위 혹은 그 이상으로 생활 수준을 맞추는 일은 진정으로 부를 쌓지 않고 월급에서 월급으로 뛰어넘기를 하는 일입니다. 앞서 나갈 수 있는 유일한 방법은 소득 이하로 생활하고 미래를 위해 수입의 일부를 따로 떼어놓는 방법입니다. 미래로 만족을 지연시키는 일은 좋지 않은 브랜드를 사용하는 일과 같은 의미이므로, 이럴 때는 미래에 원하는 일을 하고 싶을 때와 자신이 할 수 있는 시간에 대해 생각하십시오.

## 6. 우선순위를 이해하고 싶다면 매달 어디에 돈을 쓰는지 살펴보십시오.

가계의 경제 계획을 세우려면 지출 습관을 이해해야 합니다. 목표는 당신에게 중요한 일에 돈을 쓰고 다른 곳에서는 덜 쓰는 일입니다. 그리고 먼저 비용을 자신을 위해 지불하면 예산 책정에 대해 걱정할 필요가 없습니다. 남은 돈은 정말 중요한 일에만 쓰십시오.

## 7. 모든 과정을 자동화하십시오.

더 많이 저축하고 연체료를 피하며 삶을 더 쉽게 만드는 가장 좋은 방법은 가능한 한 많은 금융 과정을 자동화하는 방법입니다. 목표는 재정 관리에 너무 많은 시간과 에너지를 낭비할 필요가 없도록 큰 결정을 미리 내리는 일입니다. 가계의 경제 생활 대부분이 금융 전산망에 등록돼 있는 경우 모든 사항들을 들춰보는 데 매달 한 시간 정도면 충분합니다.

## 8. 큰 구매 활동은 신중히 하세요.

침실이 4개 또는 5개인 집이 정말로 필요합니까? 또는 대부분의 드라이빙이 직장을 오가는 일이라면 최상의 승차감을 주는 4륜 구동 고급 자동차가 필요할까요? 개인 금융 전문가들은 도시락과 커피에 관해 절약 가능한 부분이라고 세부 사항을 예로 들기 좋아하지만, 재정을 규모있게 유지하는 데 가장 중요한 품목은 주택과 자동차입니다. 이 두 가지 구매에 지나치게 집착하는 일은 과다한 고정 비용 지출을 의미하고 대부분 사람이 인식하는 것보다 더 많은 부수적 비용을 수반하기 때문에 금융이라는 사과에 독을 주입할 수 있습니다.

## 9. 유동적 저축 계좌를 만드십시오.

월 지출에서 드물기는 하지만, 예측 가능한 지출이 가끔 발생한다는 사실을 고려해야 합니다. 결혼식, 휴일, 자동차 수리나 건강 문제는 정해진 일정에 따라 발생하지 않지만, 불가피하게 금전 운용에 방해가 될 때가 있기 때문에 더 잘 준비된 상황을 갖추기 위해 매월 소액의 돈을 따로 마련하여 이러한 이벤트에 대한 비용을 미리 대비할 수 있습니다.

## 10. 당신에게 필요한 보험을 미리 들어 놓으세요.

이런 안전 항목은 개인 재정의 또 다른 안전지대입니다. 어떤 사람들은 너무 많은 보험을 들고 있고 또 어떤 사람들은 너무 적게 들고 있습니다. 당신과 당신이 사랑하는 사람들이 직면한 가장 큰 위험에 집중하십시오. 가장 중요한 일은 당신이 사망하거나 장애가 있을 경우 사업이나 가족에 미칠 영향을 고려하는 일입니다. 아이디어는 그 영향을 돈으로 측정하고 가능하다면 이에 대비하는 것입니다. 진행 방법은 그 영향을 금전으로 측정하고 가능하다면 보험으로 대비하는 일입니다. 보험은 부를 축적하는 일이 아니라 보호하는 일임을 기억하세요.

## 11. 고용주가 제공하는 고용기부금을 최대한 활용하십시오.

다시 말하지만, 합리적으로 할 수 있는 한 많은 금액을 연금에 지불하는 일은 중요합니다. 그러나 이 일은 고용주가 직원이 불입하는 금액에 맞춰 고용기부금을 지원해주는 회사에 한하여 발생하는 일입니다. 이상적으로는 회사가 기꺼이 지원해주는 최대 금액에 맞춰 투자 목표를 정하는 일입니다. 회사의 이런 기부는 일종의 급여 인상으로 당신이 이런 기부를 거절한다면 이것은 급여 인상을 거부하는 결과와 같습니다. 제정신인 사람이라면 그렇게는 하지 않겠죠.

## 12. 매년 조금씩 더 저축하십시오.

소득의 10%에서 20% 사이를 저축하는 것을 목표로 한다면 좋습니다. 비결은 급여가 인상될 때마다 저축률을 높여 보는 일입니다. 방법은 급여가 인상될 때마다 저축률을 높여 처음부터 더 많은 돈이 생겼다는 사실조차 스스로 눈치채지 못하게 만드는 것입니다. 생활 방식을 바꾸는 일은 어려울 수 있지만 저렇게 하면 부를 쌓을 수 있습니다. 그리고 더 빨리 돈을 따로 모을수록, 처음부터 지출할 돈이 은행 계좌에 입금되지 않았다고 생각하고 생활할 수 있게 됩니다.

## 13. 친구, 이웃, 배우자를 현명하게 선택하십시오.

로버트 치알디니*Robert Cialdini*는 '사회적 증거의 개념과 어떻게 우리가 받아들여지기 위해 다른 사람의 행동을 거울 삼는가' 하는 문제에 관해 광범위한 논의를 서술하고 있습니다. 지출이 심한 친구나 이웃을 따라잡는 일은 진정한 승자가 없는 끝없는 게임입니다. 당신과 돈에 관한 비슷한 견해를 갖고 함께 인생을 보낼 수 있는 사람을 찾으십시오. 그러면 불필요한 스트레스, 시기심, 낭비적인 지출을 많이 줄일 수 있습니다. 당신이 누군가를 따라하는 일이 자신의 길을 가는 일보다 더 중요할 이유가 없습니다.

## 14. 돈에 대해 더 자주 이야기하십시오.

오늘날 사람들이 거의 모든 대화에서 정치에 대해 이야기하기 시작하는 데는 5분이면 충분하지만, 어쨌든 돈은 여전히 금기시되는 주제입니다. 배우자와 돈에 관해 이야기하십시오. 다른 사람들에게 도움을 청해 보세요. 재정 문제가 지속되고 악화되는 일을 허용하지 마십시오. 돈은 어떤 식으로든 삶의 거의 모든 측면에 영향을 미치는 주제입니다. 금전 문제는 인생에서 너무 중요한 문제라서 무시하거나 깔아뭉개버릴 수 있는 부분이 아닙니다.

## 15. 어떤 물품의 구매가 장기적으로 당신을 더 행복하게 만들어주지는 않습니다.

우리가 물건이나 서비스 구입이라는 심리 치료를 통해 얻는 단기적인 도파민 효과는 있지만, 시간이 지나면 사라집니다. 진정한 부는 당신이 돈을 낭비하지 않는 모든 일에서 나오기 때문에 물건을 사는 일이 당신을 더 행복하거나 더 부유하게 만들지는 않습니다. 경험은, 당신에게 큰 돈이 아닌 소소한 돈을 쓰며 사랑하는 사람들과 보내는 시간이야말로 당신이 할 수 있는 최고의 투자라는 사실을 잘 알려주고 있습니다.

## 16. 책을 한 권, 한 권, 열 권을 읽으십시오.

세상에는 셀 수 없이 많은 개인 금융 서적이 있습니다. 견딜 수 없을 정도로 지루하다면 최소 몇 종류를 훑어보고 몇 가지 관점에서 최고의 조언을 해주는 금융 서적을 골라 가볍게 읽어보세요. 이 내용은 모든 중등학교와 대학에서 가르쳐야 하지만, 전혀 그렇지 않습니다. 따라서 주도권을 쥐어야 합니다. 당신보다 당신의 돈을 쓰는 결정에 더 신경을 쓰는 사람은 없겠지요. 자신에게 약간의 돈, 시간, 에너지를 투자하십시오. 할 수 있는 최고의 투자입니다.

## 17. 자신이 서 있는 위치를 파악하십시오.

모든 사람은 자신의 진정한 순가치에 대해 퉁처 생각하는 계산을 갖고 있어야 합니다. 가고 싶은 곳을 알기 전에 자신이 어디에 있는지 알아야 하는 일이지요. 이 말은 모든 자산은 더하고 부채를 빼는 일을 의미합니다. 이렇게 하면 저축률, 시장 수익 및 포트폴리오 성장에 대한 일반적인 기대치를 설정하고 미래의 목표를 설정할 수 있습니다. 현실이 항상 기대와 일치하지는 않기 때문에, 그렇게 되어야 당신의 저축률이나 투자 전략 또는 재무 계획에 따라 방향을 움직여 갈 수가 있습니다.

## 18. 세금은 중요합니다.

세금 문제는 엄청나게 복잡할 수 있지만, 시스템이 어떻게 작동하는지 이해하는 일이 더 기본입니다. 가장 중요한 일은 세금 없이 저축하고 투자할 수 있는 계정을 선택하는 일입니다. 그리고 연금저축 기여금으로 세금 감면의 혜택을 받으십시오. 당신이 직장생활을 하면서 그 돈을 쓰지만 않는다면, 이 계정은 사실 공짜 돈을 자져다 줍니다.

## 19. 더 많은 돈을 벌어야 합니다.

저축이나 근검절약은 경제적으로 앞서나갈 수 있는 좋은 방법이지만, 경력을 향상시켜 더 많은 돈을 벌려고 하지 않는다면 불완전한 전략입니다. 너무 많은 사람이 더 나은 직업을 갖고, 더 많은 책임을 지고, 더 높은 급여를 받기 위해 할 수 있는 일이 아무것도 없다는 생각에 사로잡혀 있습니다. 자신을 가치있게 상품화하고 생산기술을 높여 시간이 지남에 따라 더 높은 수입을 올릴 수 있도록 협상하는 방법을 배워야 합니다. 1만 파운드의 급여 인상은 경력 기간동안 수십만 파운드의 가치가 있을 수 있습니다.

## 20. 목표는 경제적 자유입니다.

목표는 일정 나이가 되어 목표 달성을 해서 석양처럼 지는 일이 아니라, 더 이상 돈 걱정이 없는 수준에 도달하는 일입니다. 시간은 더는 생산할 수 없기 때문에 세상에서 가장 중요한 자산입니다. 재정적으로 독립하면 당신은 자신의 방식대로 시간을 보내는 결정을 할 수 있습니다.

———◇———

# 단순함을 유지하라

1840년대 이그나즈 제멜바이스*Ignaz Semmelweis*라는 헝가리 의사는 자신의 병원에 있는 두 산부인과 병동에서 '출산 중 산모의 사망률'에 큰 차이가 있다는 사실을 발견했습니다. 오스트리아 빈*Vienna*에 있는 병원에서 일하는 동안 제멜바이스는 '의사의 산부인과 병동이 조산원의 산부인과 병동에서 분만되는 아기의 사망률보다 3배나 높다'는 사실을 깨달았습니다. 두 병동의 가장 큰 차이점은 두 그룹의 병원 직원이 쉬는 시간을 보내는 방식이었습니다.

의사와 의대생이 시체 안치소에서 시신으로 실험하는 것을 볼 수 있습니다. 그러나 산파들은 그렇지 않습니다. 시신 실험을 한 후 의사와 학생들은 손을 씻지 않아서 분만 작업을 하는 동안 산모에게 온갖 세균을 옮겼습니다. 의사에게 손을 씻도록 하라는 제멜바이스의 권고는 당시에 학계 의견에 정면으로 반대되는 근거에서 나온 권고였기 때문에 처음에는 의료계의 조롱을 받았습니다.

세균 이론은 19세기에 제안되었지만, 당시 많은 전문가가 여전히 세균과 박테리아는 옮겨지는 것이 아니라 자연 발생한다고 믿었습니다. 분명히 제멜바이스의 생각은 옳았지만, 사람들의 마음을 바꾸는 데는 시간이 걸렸습니다. 이렇게 제멜바이스의 의견대로 하자 산모의 기대수명은 극적으로 늘어났습니다. 손을 씻는 일만큼 간단한 일이 이렇게 사람의 생명과 삶에 영향을 미칠 수 있다는 것이 놀랍지 않습니까? 이는 효과적으로 조언하기 위해 복잡한 이론을 동원해야 할 필요가 없다는 사실을 상기시킵니다.

투자 산업은 복잡성을 좋아하고 금융 미디어도 마찬가지입니다. 투자자들은 자신의 자금을 어디에 가장 잘 사용할 수 있는지에 대한 새로운 정보와 아이디어로 가득 차 있습니다. 전 세계적으로 코로나바이러스로 시장이 침체되었을 때, 젊은이들 사이에서는 아마추어 거래가 급증했습니다. 기술의 발전으로 우리는 주식과 채권은 물론 비트코인과 같은 암호화폐를 거래하는 많은 사람의 생각보다 훨씬 위험하고 복잡한 금융 상품을 우리가 원할 때 언제든지 거래할 수 있습니다.

물론 어떤 면에서는 금융 시장에 대한 접근이 열려 있다는 일은 긍정적인 일입니다. 하지만 그만큼 위험도 내포돼 있습니다. 문제는 우리가 일반적으로 여기저기서 성공 사례를 듣게 된다는 사실입니다. 소수 주식에 베팅하여 큰 성공을 거두고 다른 거래자들에게 자신들의 투자 '시스템'을 설명하는 과정을 거치게 됩니다. 우리는 돈을 잃었거나 혹은 최소한 저비용 지수 추적기를 사용하는 투자자의 저조한 성과에 대해서는 거의 들어보지 못합니다.

투자 성공의 이면에는 뭔가 다른 거래자나 투자자를 능가하는 체계적인 특출한 방법이 있다고 생각하고, 그 방법을 알아내는 데 관심을 갖는 일은 당연한 인간의 본성입니다. 그러나 사실은 투자자들이 이 모든 현란한 복잡성에 매혹되지만, 단순하게 바라보는 일이 훨씬 더 나을 수 있습니다. 그 이유는 다음과 같습니다.

- 무작위적이고 현란한 기술에는 속임수가 있을 수 있습니다. 그런 데이터는 오래 노출돼 있으면 당신의 입맛에 딱 맞는 내용을 던져주도록 돼 있습니다. 복잡성은 데이터 마이닝*Data Mining*, 과도한 최적화 및 인과관계가 없는 상관관계를 포함하고 있습니다. 옳든 그르든, 단순화는 당신 자신의 시스템을 운용하기 쉽게 만듭니다.

- 복잡성이 전술에 관한 일이라면, 단순함은 시스템에 관한 부분입니다. 전술은 이리저리 바뀔 수 있지만, 세상이 작동하는 방식에 관한 포괄적인 철학은 다양한 시나리오 단계에서 더 나은 결정을 내리는 데 도움이 될 수 있습니다. 단순함은 유행을 타지 않습니다.

- 단순하기가 더 어렵습니다. 인간의 타고난 충동이 이야기와 내러티브에 민감해지게 돼 있기 때문에 일을 단순하게 유지하기 위해 우리는 싸우기까지 합니다. 단순함이 심리적 운동이라면

복잡함은 경쟁자를 능가하려는 노력이지요.

• 복잡성은 예상치 못한 결과를 초래할 수 있습니다. 그러나 단
순함은 사려 깊은 축소의 기술로 설명될 수 있지요. 셜록 홈즈
*Sherlock Holmes*는 "불가능한 것을 제거한다면 남아 있는 것은 아무
리 있을 법하지 않더라도 진실이어야 한다."라고 말했습니다.
반면에 복잡성은 훨씬 더 많은 가능성과 놀라움을 제공하지만,
항상 좋은 방향은 아닙니다.

• 복잡성은 통제의 환상을 줄 수 있습니다. 대응 메커니즘은 사람
들이 자신에게 통제력이 있다는 환상을 만들어 스트레스를 피
하려고 반응합니다. 그로부터 오는 확증은 우리를 더 편안하게
하지만 실제로는 환상입니다. 그런데도 투자자들은 잘못된 감
각인줄 알면서 확증과 통제된 감각을 추구합니다. 단순화는, 통
제할 수 있는 일에 집중하고 통제할 수 없는 부분을 이해하는
일입니다.

• 복잡한 문제에는 복잡한 솔루션이 필요하지 않습니다. 문제가

복잡할수록 복잡한 솔루션을 필요로 하지 않는다는 사실을 사람들이 잘 믿지 못하기 때문에 단순함을 받아들이도록 하는 일이 어려운 것입니다. 우리 모두에는 정교한 투자의 성배가 존재하며, 비밀 소스를 찾아낼 수만 있다면 모든 문제가 해결될 것이라고 믿고 싶어합니다. 바로 여기에 빨리 부자가 될 수 있다는 설이 항상 청중을 모으는 이유가 있습니다.

• 단순할수록 이해하기 쉽습니다. 자신이 하는 일과 그 이유를 정확히 이해하는 능력의 가치는 알기 어렵습니다. 단순함은 더 많은 투명성을 허용합니다. 오히려 합리적인 기대치를 설정하는 일이 훨씬 쉽습니다. 찰리 멍거*Charlie Munger*는 언젠가 이렇게 말했습니다. "단순함은 우리가 하는 일을 더 잘 이해할 수 있게 함으로써 성과를 향상시키는 방법을 담고 있습니다."

기본 사항을 올바르게 파악하면 성공적인 투자자가 되는 방법의 95%는 이미 답이 나온 셈입니다. 다른 모든 일은 가장자리 주변에서 작은 차이만을 만들어주는 일입니다. 그 방법을 모른다면 다음 세 가지를 수행해 보십시오.

1. 소득의 두 자릿수 비율로 저축하십시오. 삶이나 경제적 보장은 없지만, 수입의 상당 부분을 저축하는 일은 삶이 오류를 일으킬 때 안전지대를 제공해주는 한 가지 방법입니다. 이 목표에 즉시 도달할 수 없다면 시간이 지남에 따라 천천히 저축률을 높여 가면서 작은 성과를 마음의 지렛대로 삼아 천천히 달성해 나갈 수 있도록 하십시오.

2. 인간적으로 할 수 있는 많은 부분을 자동화하십시오. 청구서 지불을 자동화하십시오. 급여 또는 예금에서 자동으로 저축하십시오. 매년 자동으로 저축률을 높입니다. 그리고 투자 전략을 가능한 한 규칙에 기반해 만드십시오.

3. 자신의 방식에서 벗어나십시오. 이것이 대부분 사람에게 가장 어려운 일입니다. 지식만으로는 당신의 뿌리 깊은 인간 본성이나 자신에 내재한 원칙을 바꾸기에 충분하지 않습니다.

이 책에서 설명하는 기본 사항을 수행하고 이후로는 기본 사항을 변경하려는 유혹에 빠지지 마십시오. 저축이나 투자에 대한 더 복잡한 접근 방식을 사용하면 수익을 더 잘 낼 수가 있을까요? 가능한 일이기는 합니다. 그렇게 해서 성공한 사람들은 있습니다. 그러나 당신의 시간을 다른 곳에 활용하면 더 좋은 일에 눈을 뜰 수 있습니다. 작업하고 있는 프로젝트, 아이들과 시간을 보내는 일, 친구들과 저녁을 먹거나 한잔하는 일, 새로운 비즈니스에 대한 아이디어를 내는 일, 넷플릭스 보는 일도 포함됩니다. 당신은 투자 방법과 가계 경제를 토론하는 데 모든 시간을 할애하고 싶지는 않으시겠지요?

전체적인 경제적 조언은 불가능합니다. 왜냐하면 대부분 사람은 상황, 성격, 삶의 단계 그리고 보유한 자산의 제한을 받기 때문입니다. 그러나 매년 소득의 10%에서 20%를 금융 시장에서 저축할 수 있는 방법을 찾고 저축, 투자, 청구서 지불을 자동화하고, 매년 저축하는 금액을 조금씩 늘리고, 투자를 분산하고 하는 모든 기본적 원칙을 그대로 두십시오. 걱정할 필요가 없습니다. 이렇게 하면 당신은 대다수의 사람보다 나중에 경제적으로 훨씬 더 나은 삶을 살게 됩니다.

아마존의 창업자 제프 베저스*Zeff Bezos*는 워런 버핏에게 이렇게 물었습니다. "당신의 투자 철학은 알기 쉽습니다. 그리고 당신은 세계에서 두 번째 부자입니다. 그런데 왜 다른 사람들이 모두 당신을 따라하지 않습니까?" 이에 버핏은 "아무도 천천히 부자가 되고 싶어 하지 않기 때문이지."라고 말했습니다. 천천히 부자가 되는 일은 빨리 부자가 되는 일보다 훨씬 더 현실적입니다. 아니죠. 쉽지만은 않죠. 여기에는 의지력, 훈련 그리고 인내가 필요합니다. 하지만 방법을 알면 완벽하게 달성할 수 있습니다.

수 년 동안 우리 둘은 개인의 경제적 자유를 실현하기 위해 다음에 열거하는 책들을 읽고 가장 크게 영향을 받았습니다. 라밋 세티Ramit Sethi의 「당신이 부자가 되는 법을 알려드립니다I Will Teach You To Be Rich」, 토마스 스탠리Thomas Stanley와 윌리엄 당코William Danko의 「옆집 백만장자The Millionaire Next Door」, 잭 보글Jack Bogle의 「상식적 투자를 위한 소책자The Little Book of Common Sense Investing」, 팀 헤일Tim Hale의 「더 현명한 투자Smarter Investing」, 제이슨 츠바이그Jason Zweig의 「돈과 두뇌Your Money & Your Brain」, 차알즈 디 엘리스Charles D. Ellis의 「실패한 이의 게임을 승리하기Winning the Loser's Game」, 모건 하우젤Morgan Housel의 「돈의 심리학The Psychology of Money」, 앤드류 할램Andrew Hallam의 「백만장

자 교사*Millionaire Teacher*」, 제이슨 버틀러*Jason Butler*의 「자산 관리*Wealth Management*」, 아이오나 베인*Iona Bain*의 「소유!*Own It!*」입니다.

# 참고 문헌

— 「부의 대수학(Algebra of Wealth)」, profgalloway.com, 스콧 갤러웨이(Scott Galloway), 2021

— 「부모, 조부모에 비해 젊은 세대는 어떻게 지내고 있습니까(How are younger generations faring compared to their parents and grandparents?)」 조나단 크립(Jonathan Cribb), 2021

— 「상속되는 부는 이전 세대보다 오늘날의 젊은이들에게 훨씬 더 중요한 평생 자원 결정 요인이 될 것입니다(Inherited wealth on course to be a much more important determinant of lifetime resources for today's young than it was for previous generations.)」 파스퀘일 보퀸(Pascale Bourquin), 로버트 조이스(Robert Joyce), 데비드 스투락(David Sturrock), 2021

— 「밀레니얼 머니 설문조사 : 외국인 및 식민지 투자 신탁(Millennial Money Survey : Foreign & Colonial Investment Trust), 2021

Lesson 1

— 「50년대(The Fifties)」, 데이비드 할버스탐(David Halberstam), 오픈로드 미디어 (Open Road Media), 2012


Lesson 2

— 「습관의 힘 : 우리가 삶과 사업에서 일을 하는 이유(The Power of Habit : Why We Do What We Do in Life and Business)」, 찰스 두히그(Charles Duhigg), 랜 덤하우스(Random House), 2012

— 「아주 작은 습관의 힘 : 좋은 습관을 만들고 나쁜 습관을 없애는 쉽고 입증된 방법(Atomic Habits : An Easy & Proven Way to Build Good Habits & Break Bad Ones)」, 제임스 클리어(James Clear), 펭귄 출판 그룹(Penguin Publishing Group), 2018

— 「시간적 재구성 및 절약 : 현장 실험(Temporal Reframing and Savings : A Field Experiment)」, 할 E. 허쉬필드(Hal E. Hershfield), 스테판 수(Stephen Shu), 쉴 로모 베나르치(Shlomo Benartzi), UCLA, 2018


Lesson 3

— 「은퇴 성공 : 긍정적인 결과를 가져오는 요인에 대한 놀라운 조사(Retirement Success : A Surprising Look into the Factors that Drive Positive Outcomes)」, 데

이비드 M. 블란쳇(David M. Blanchett), 제이슨 E. 그랜츠(Jason E. Grantz.), ASPPA 저널, 2011

## Lesson 4

— 「에어 조던의 역사(The History of the Air Jordan)」, Foot Locker(http://www. footlocker.com/history-of-air-jordan.html)

## Lesson 5

— 「투자자 선언문(The Investor's Manifesto)」, 윌리엄 번스타인(William Bernstein), 와일리(Wiley), 2009

## Lesson 6

— 「테오 엡스타인(Theo Epstein)」, 액스 파일(The Axe Files), 2017

## Lesson 10

— 「GE를 넘어서 - 미국 근로자들은 퇴직 계획에 너무 많은 회사 주식을 보유하

고 있다(Beyond GE - US workers own too much company stock in retirement plans)」, 마크 밀러(Mark Miller), 로이터(Reuters), 2018

— 「척도 : 성장, 혁신, 지속 가능성 및 유기체, 도시, 경제, 기업의 삶의 속도에 대한 보편적 법칙, 경제 및 기업.(Scale: The Universal Laws of Growth, Innovation, Sustainability, and the Pace of Life in Organisms, Cities, Economies, and Companies)」, 제프리 웨스트(Geoffrey West), 펭귄 출판 그룹(Penguin Publishing Group), 2017

— 「고뇌와 황홀경 : 집중된 포트폴리오의 위험과 보상, 시장에 대한 관점(The Agony & The Ecstasy : The Risks and Rewards of a Concentrated Portfolio, Eye on the Market Special)」, 마이클 쳄발레스트(Michael Cembalest), http://www.chase.com/content/dam/privatebanking/en/mobile/documents/eotm/eotm_2014_09_02_agonyescstasy.pdf

— 「주식이 국채보다 실적이 좋은가(Do Stocks Outperform Treasury Bills?)」, 헨드릭 베셈바인더(Hendrik Bessembinder), 금융 경제학 저널(Journal of Financial Economics), 2018


Lesson 12

— 「펀드 수수료는 미래의 성공 또는 실패를 예측한다(Fund Fees Predict Future Success or Failure)」, 러셀 키넬(Russel Kinnel), 새벽별(Morningstar), 2016

— 「신조차도 달러 비용 평균을 이길 수 없다(Even God Couldn't Beat Dollar Cost Averaging)」, 닉 매줄리(Nick Maggiulli), 2019

Lesson 14

—「크레딧 스위스 글로벌 투자 수익(Credit Suisse Global Investment Returns)」,
　2021

Lesson 15

—「도리토 효과 : 음식과 맛에 대한 놀라운 새로운 진실(The Dorito Effect : The
　Surprising New Truth About Food and Flavor)」, 마크 샤츠커(Mark Schatzker),
　사이먼 & 슈스터(Simon & Schuster), 2015
—「정신없는 식사 : 우리가 생각하는 것보다 더 많이 먹는 이유(Mindless Eating
　: Why We Eat More Than We Think)」, 브레인 완싱크(Brain Wansink), 벤탐
　(Bantam), 2007
—「영국 건강 설문조사(Health Survey for England)」, 2019

Lesson 16

—「거부 정책으로 장기 기증 증가(Opt Out Policies Increase Organ Donation)」,
　프란체스카 샤이버(Francesca Scheiber), 스탠포드대학교

Lesson 17

— 「미국이 2020년을 구하는 방법(How America Seves 2020)」, 브레인 에일링
(Brain Alling), 제프리 클라크(Jeffery Clark), 데이비드 스타이넷(David Stinnett)
뱅가드(Vanguard), 2020

— 「이 근로자들은 401(k) 계획에서 최대 금액을 절약하고 있다(These Workers are
Saving the Maximum in Their 401(k) Plans)」 달라 메르카도(Darla Mercado),
CNBC, 2019

Lesson 18

— 「피델리티 2018년 1분기 퇴직 데이터 발표 : 저축률이 사상 최고치를 기
록했으며 장기적으로 계좌 잔고가 계속 증가할 것(Fidelity Announces Q1
2018 Retirement Data : Saving Rates Hit Record High and Account Balances
Continue to Increase Over Long term)」, 피델리티(Fidelity), 2018

Lesson 20

— 「부족함 : 다가오는 은퇴 위기와 대처 방법(Falling Short : The Coming
Retirement Crisis and What to Do About It)」, 찰스 엘리스(Charles Ellis), 옥스포
드대학 출판부(Oxford University Press), 2014

— 「오래 일하면 거의 모든 일이 해결된다 : 고용, 사회적 참여 및 장수 간의 상관

관계(Working Longer Solves (Almost) Everything : The Correlation Between Employment, Social Engagement and Longevity), 팀 드라이버와 아만다 헨슨 (Tim Driver and Amanda Henshon), 와튼연금연구위원회(Wharton Pension Research Council Working Papers), 2020

— 「은퇴가 인지 기능에 미치는 영향 : 화이트홀 II 코호트 연구(Effect of retirement on cognitive function : the Whitehall II cohort study)」, 바우벤 쉐 외(Baowen Xue et al), 유럽 역학 저널(European Journal of Epidemiology), 2018

## Lesson 21

— 「뱅가드 조언가의 알파 수량화(Quantifying Vanguard Advisor's Alpha)」 뱅가드 그룹(Vanguard Group), 2019

## 에필로그

— 「더 적게, 더 풍부하게, 더 친환경적으로(Fewer, Richer, Greener)」, 로렌스 시 겔(Laurence Siegel), 와일리(Wiley), 2019